DANIELE DACCHILLE

LE RETI DI IMPRESA

L'Aggregazione di Imprese per Vincere la Crisi ed Essere più Competitivi sul Mercato

Titolo

"LE RETI DI IMPRESA"

Autore

Daniele Dacchille

Editore

Bruno Editore

Sito internet

http://www.brunoeditore.it

Sommario

Introduzione

La sfida, che le imprese devono affrontare in un mondo globale nella forma ma piatto nella sostanza, consiste nella ricerca di un equilibrio tra appartenenza al territorio e partecipazione ai grandi mercati internazionali. La crisi economico-finanziaria che ha colpito il mondo ha evidenziato la necessità di promuovere l'aggregazione di imprese per superare il limite della piccola dimensione ed essere più forti e competitivi sul mercato.

Per il piccolo e piccolissimo imprenditore italiano, le reti di impresa possono rappresentare *la via d'uscita da carenze e limitazioni che ne frenano lo sviluppo e la competitività*, e questo perché le reti di impresa permetto di aumentare le proprie dimensioni e la proprio massa critica, riuscendo così ad acquisire maggior forza sul mercato.

Le reti sono nate come un'opzione, ma ben presto sono divenute una necessità. Non si può ignorare, infatti, che le piccole imprese, anche quelle di successo, soffrano l'impatto con una pressione competitiva altissima e differenziata su scala globale; agire in rete, secondo accordi, in alleanza con altre imprese e con gli istituti di ricerca e gli enti destinati all'innovazione, è una scelta che può risultare decisiva.

Agire in rete è prima di tutto un fatto di cultura. Se non si vincono le diffidenze e l'individualismo, le reti resteranno una grande opportunità non colta.

La rete d'impresa può aiutare, può rappresentare una risposta immediata alla crisi e un modello di assetto futuro per una parte del sistema produttivo; mettersi in rete non significa rinunciare alla propria autonomia, al contrario ogni imprenditore resta leader nella società che ha creato, ma impara a collaborare su progetti condivisi.

CAPITOLO 1:
Come essere competitivi

Le Reti di Impresa rappresentano forme di coordinamento di natura contrattuale tra imprese e sono destinate alle PMI che vogliono aumentare la loro massa critica e avere maggiore forza sul mercato. Elementi essenziali del contratto sono:

- l'indicazione degli obiettivi strategici e delle attività comuni poste alla base della rete, che dimostrino il miglioramento della capacità innovativa e della competitività sul mercato;
- l'individuazione di un programma di rete che preveda i diritti e gli obblighi assunti da ciascuna impresa partecipante e le modalità di realizzazione dello scopo comune;
- l'indicazione della durata del contratto, delle modalità di adesione di altre imprese e delle relative ipotesi di recesso;
- l'individuazione dell'organo comune incaricato di eseguire il contratto di rete, i suoi poteri anche di rappresentanza e le modalità di partecipazione di ogni impresa all'attività

dell'organo;

- l'istituzione di un fondo patrimoniale comune.

Elemento essenziale del *Contratto di rete* è dunque il *Programma comune di rete*, sulla base del quale gli imprenditori «si obbligano [...] a collaborare in forme e ambiti predeterminati attinenti all'esercizio delle proprie imprese ovvero a scambiarsi informazioni o prestazioni di natura industriale commerciale tecnica o tecnologica ovvero ancora ad esercitare in comune una o più attività rientranti nell'oggetto della propria impresa».

Il contratto di rete, inoltre, «può anche prevedere l'istituzione di un fondo patrimoniale comune e la nomina di un organo comune incaricato di gestire, in nome e per conto dei partecipanti, l'esecuzione del contratto o di singole parti o fasi dello stesso».

Solo le imprese aderenti a contratti di rete che prevedano l'istituzione del fondo patrimoniale comune possono accedere all'agevolazione fiscale. Le imprese che fanno rete ottengono numerosi vantaggi:

- si specializzano nel loro business migliorando la qualità dei prodotti;

- ridimensionano il fabbisogno finanziario relativo agli investimenti;
- riducono l'indebitamento;
- frazionano i rischi degli investimenti;
- riducono il rischio operativo.

L'organizzazione a rete implica una forte spinta alla specializzazione, favorendo la concentrazione delle risorse e la condivisione delle diverse competenze aziendali e imprenditoriali.

Da un punto di vista organizzativo, l'affidamento di interi o di parte dei processi a partner specializzati, permette, da un lato, di liberare risorse tecniche, umane e finanziarie da impiegare in attività che possano contribuire a potenziare la competenza e la competitività, e dall'altro di recuperare efficienza nei processi meno critici per la gestione, sullo sviluppo dei quali l'azienda non può o non intende investire. Ciò permette di raggiungere sia il vantaggio competitivo dei singoli partner sia quello di tutta la rete, a patto però che siano legati reciprocamente da intensi rapporti di partnership.

Inoltre, più il processo produttivo affidato ai partner è specialistico, maggiori saranno gli effetti sia sulle modalità di apprendimento e condivisione delle competenze sia in termini di riduzione di sprechi, difetti e costi.

SEGRETO n. 1: per imparare ad approcciare alle reti d'impresa ricorda che la collaborazione tra più imprese non potrà mai decollare se alla base non c'è fiducia e stima reciproca.

La moderna teoria delle reti d'impresa è nata grazie al contributo di una serie di teorie organizzative tra cui:

- **la teoria dei sistemi**: definisce l'impresa come sistema aperto: l'ambiente organizzativo che circonda l'impresa e con cui essa entra i contatto durante lo svolgimento delle sue attività, deve essere ben definito;
- **la teoria delle contingenze strutturali**: tiene in considerazione anche l'ambiente esterno: l'azienda deve assumere una struttura organizzativa adatta al contesto esterno;
- **la teoria della dipendenza dalle risorse**: considera l'impresa

come soggetto che può incidere attivamente sull'ambiente circostante attraverso la giusta scelta delle relazioni e dell'organizzazione;
- **la teoria dei costi di transazione**: che si concentra sul fattore economico delle relazioni inter-organizzative.

Dunque: *una rete organizzativa è un insieme di organizzazioni autonome legate tra loro da particolari relazioni di interdipendenza e da particolari meccanismi di coordinamento.*

Le imprese, nel nostro caso i partecipanti della rete, attraverso le relazioni si scambiano beni sia materiali che immateriali, informazioni e conoscenze, necessari alla loro sopravvivenza. Le relazioni adottabili da un'impresa a rete possono essere di due tipologie:

- **relazioni di tipo orizzontale**: rapporti con i concorrenti, per cui hanno luogo processi di resource pooling (scambio di risorse), si scambiano informazioni e conoscenze;
- **relazioni di tipo verticale**: rapporti con i fornitori, per cui si trovano processi di resource transfering (trasferimento di risorse) in cui la merce di scambio è rappresentata dai beni e i

servizi sono le risorse, o meglio la loro ricerca.

In una rete organizzativa, i processi decisionali sono di tipo consensuale, orientati alla missione dell'impresa e presentano l'importante caratteristica del collegamento orizzontale di collaborazione: ciò permette di esprimere, a livello di costi (nello specifico costi di transazione) una maggiore efficienza rispetto ai modelli tradizionali. Attraverso un'impresa-rete, infatti, è possibile ottenere minori costi di produzione e di coordinamento grazie allo sfruttamento di consistenti economie di scala accompagnate da un'alta flessibilità produttiva.

La definizione d'impresa-rete organizzativa suggerisce di distinguere, sulla base di differenti sistemi e meccanismi di controllo, tre diverse tipologie di impresa-rete; esse corrispondono a realtà economiche e giuridiche radicalmente diverse:

- **burocratiche** (a base gerarchica), in cui è fortemente dominante la struttura gerarchica interna, ma allo stesso tempo vi sono intense relazioni di influenza e di contrattazione e negoziazione con altre PMI;
- **proprietarie:** in cui un'unica "agenzia" strategica ha

prevalenti relazioni di influenza e verso i componenti della rete: in questa situazione si assiste ad una elevata *complessità degli accordi e ad un elevato tasso di conflitto di interessi*;

- **sociali:** senza centro, i meccanismi di coordinamento sono basati su reti con legami informali, a livello individuale e/o organizzativo: alla base c'è una *comunanza di valori, legami diretti o indiretti, deboli o forti, fiducia, scambio e condivisione di informazioni.*

Possiamo a questo punto dare una definizione sintetica della rete di impresa: la rete di impresa è un modello di collaborazione delle imprese, di forma ibrida e dall'architettura variabile, che consente alle stesse, senza privarsi della loro reciproca indipendenza né vincolarsi in maniera definitiva, di accrescere la propria capacità produttiva e la propria competitività sul mercato, sia nazionale che internazionale.

Ricorda, per tradurre tutto questo in una rete di impresa funzionante, occorre seguire dei passaggi importanti e avere tanta determinazione le uniche cose che ti condurranno alla meta desiderata. Molte reti di impresa prendono avvio e poi vedono gradualmente ridurre la loro efficacia nel tempo; altre partono a livello solo formale e faticano a tradursi in opportunità di business per le parti.

Altre ancora non passano mai dalla fase di progettazione alla realizzazione. Perché? Quali sono i principali ostacoli che si incontrano o gli elementi fondamentali da considerare per costruire una rete d'imprese che funzioni e che risulti efficace?

SEGRETO n. 2: i legami tra aziende che costituiscono una rete devono basarsi anche su valori condivisi tra gli imprenditori.

Vediamo molte imprese che sono anche disposte a mettersi attorno ad un tavolo, iniziare a confrontarsi per valutare se fare rete e aggregarsi possa essere vantaggioso; ma il passo successivo si ha solo nel caso in cui tra i partecipanti vi sia stima e fiducia reciproca. Questa condizione, purtroppo, non può essere creata dal consulente legale e/o aziendale, ma deve necessariamente essere già presente all'interno del gruppo, come ad esempio nella reputazione che l'imprenditore è riuscito a costruirsi negli anni,

nelle referenze, nel modo di lavorare e di fare business.
Quello che si può fare, invece, è facilitare la percezione dell'altro, in modo indiretto, lavorando su quelli che sono o che saranno gli obiettivi condivisi.

SEGRETO n. 3: mettere in movimento il motore cognitivo delle reti, scoprendone i vantaggi in termini di valore e di produttività, significa creare uno scambio di informazioni di natura tecnica, tecnologica, commerciale, industriale.

È su questo aspetto che si fonda e si motiva l'agire in rete: il lavoro da fare costantemente è richiamare gli obiettivi comuni, al fine anche di prevenire o comunque arginare situazioni di messa in discussione dell'aggregazione. A tale scopo può essere utile pianificare correttamente la rete in termini di struttura di governance.

Occorre puntare su idee motrici, che fanno rete: è necessario che siano presenti organizzazione, governo e organi di decisione.

Questo è uno degli aspetti che per primo deve essere affrontato dai potenziali partecipanti, in modo obiettivo e trasparente, senza atteggiamenti di "chiusura" sui propri interessi né tantomeno di mancata esposizione del proprio punto di vista.

Stabilire delle regole chiare per governare la collaborazione fin dall'inizio eviterà in futuro interpretazioni errate, comportamenti che potrebbero allontanare dall'obiettivo comune o minacciare la collaborazione, cosa che avrebbe come ultimo risultato quello di destabilizzare l'azione della rete.

Dunque analizzando alcune delle ipotesi che potrebbero essere prese in considerazione, considerando il peso e l'influenza dei diversi partecipanti, potremmo avere le seguenti forme di rete:

- *la rete orizzontale*, in cui tutti i componenti hanno pari dignità, un po' come si realizza nei consorzi che possono essere considerati vere e proprie reti d'impresa primordiali;
- *la rete verticale*, in cui un'azienda leader, chiamata *nodo* guida le altre dettando le regole;
- *la rete mista*, in cui di volta in volta, a seconda delle condizioni di mercato si vengono a creare dei nodi che hanno un ruolo di centro motore per tutto il sistema.

Occorre sottolineare che *in molti casi avere un nodo centrale, che si occupa di integrare il sistema, è la scelta da preferire, in quanto permette di avere un soggetto guida dell'azione della rete*, al quale affidare le attività di gestione e i relativi poteri decisionali, nonché di rappresentanza verso le istituzioni e verso il mercato, favorendo una comunicazione unica e compatta verso gli stakeholders.

SEGRETO n. 4: è necessario rafforzare le relazioni di rete ed evitare la mono-committenza verso la rete. Il business del singolo nodo non deve dipendere esclusivamente dal business di rete.

All'interno di una rete si deve garantire la trasparenza informativa. Tali pratiche sono favorite anche dalla promozione, qualora possibile, di sistemi informativi in grado di collegare i diversi nodi della rete.

La creazione di una cosiddetta "rete proprietaria", in cui i nodi possiedono azioni o quote del capitale del nodo centrale e/o

viceversa, può contribuire a rafforzare le relazioni di rete.
Per altri versi, mette in evidenza in modo esplicito anche i "rapporti di forza" tra i soggetti, in particolare nel caso in cui il sistema di partecipazioni sia monodirezionale, ad esempio da un'impresa verso le altre imprese e non viceversa. È importante evitare la mono-committenza verso la rete: il business del singolo nodo non deve dipendere esclusivamente dal business di rete.

È certo importante avere una strategia comune, ad esempio di approccio al mercato, ma poi i mercati, sia della rete che ad essa esterni, devono essere entrambi coltivati, per evitare situazioni di dipendenza da un unico soggetto, così come per permettere la verifica dei propri prodotti/offerte con più clienti finali.

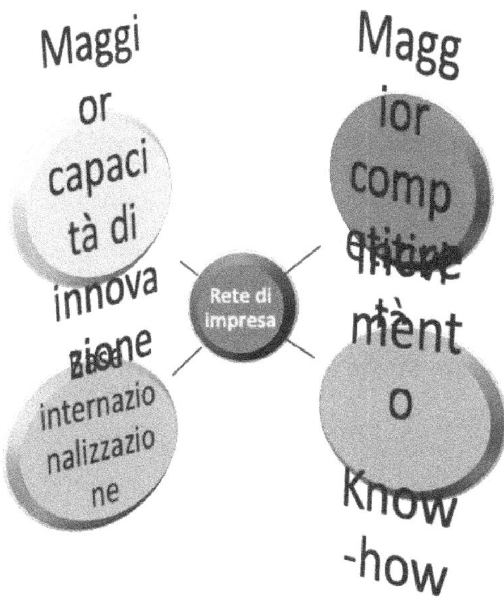
Maggi
or
capaci
tà di
innova
internazio
nalizzazio
ne
Rete di
impresa
Magg
ior
comp
ment
o
Know
-how

RIEPILOGO DEL CAPITOLO 1:

- SEGRETO n. 1: per imparare ad approcciare alle reti d'impresa ricorda che la collaborazione tra più imprese non potrà mai decollare se alla base non c'è fiducia e stima reciproca.
- SEGRETO n. 2: i legami tra aziende che costituiscono una rete devono basarsi anche su valori condivisi tra gli imprenditori.
- SEGRETO n. 3: mettere in movimento il motore cognitivo delle reti, scoprendone i vantaggi in termini di valore e di produttività, significa creare uno scambio di informazioni di natura tecnica, tecnologica, commerciale, industriale.
- SEGRETO n. 4: è necessario rafforzare le relazioni di rete ed evitare la mono-committenza verso la rete. Il business del singolo nodo non deve dipendere esclusivamente dal business di rete.

CAPITOLO 2:

Come realizzare il contratto di rete

La disciplina civilistica del contratto di rete, ai sensi del comma 4-*ter* dell'art. 3 del decreto legge n. 5 del 2009 stabilisce che «con il contratto di rete più imprenditori perseguono lo scopo di accrescere, individualmente e collettivamente, la propria capacità innovativa e la propria competitività sul mercato».

Elemento essenziale del contratto di rete è il **programma comune di rete**, sulla base del quale gli imprenditori «si obbligano [...] a collaborare in forme e ambiti predeterminati attinenti all'esercizio delle proprie imprese ovvero a scambiarsi informazioni o prestazioni di natura industriale commerciale tecnica o tecnologica ovvero ancora a esercitare in comune una o più attività rientranti nell'oggetto della propria impresa».

Il contratto di rete, inoltre, «può anche prevedere la creazione di un fondo patrimoniale comune e la nomina di un organo comune incaricato di gestire, in nome e per conto dei partecipanti, l'esecuzione del contratto o di singole parti o fasi dello stesso».

La creazione del fondo patrimoniale comune e la nomina dell'organo comune non costituiscono elementi essenziali ai fini della validità di un contratto di rete, anche se deve ritenersi che *solo le imprese aderenti a contratti di rete che prevedono la costituzione del fondo patrimoniale comune possono accedere all'agevolazione fiscale.*

SEGRETO n. 5: occorre aumentare la propria competitività sul mercato perseguendo lo scopo di accrescere, individualmente e collettivamente, la propria capacità innovativa.

A completamento delle indicazioni di principio, il comma 4-*ter* stabilisce il contenuto del contratto di rete. In particolare, il contratto di rete deve indicare «la definizione di un programma di rete, che contenga l'enunciazione dei diritti e degli obblighi assunti da ciascun partecipante, le modalità di realizzazione dello scopo comune e, qualora sia prevista l'istituzione di un fondo patrimoniale comune, la misura e i criteri di valutazione dei conferimenti iniziali e degli eventuali contributi successivi che ciascun partecipante si obbliga a versare al fondo nonché le regole di gestione del fondo medesimo».

Precisa altresì che, se consentito dal programma, l'esecuzione del conferimento può avvenire anche mediante apporto di un patrimonio destinato appositamente costituito ai sensi dell'articolo 2447-*bis*, primo comma, lettera *a* del codice civile.

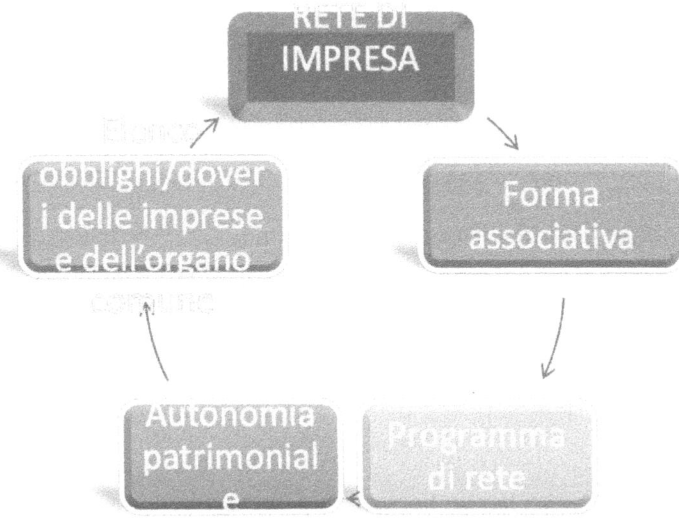

La Legge 30 luglio 2010, n. 122 cit. prevede, infatti, che «il contratto può anche prevedere l'istituzione di un fondo patrimoniale comune». Il legislatore ha così disciplinato che le imprese aggregate nella rete con lo scopo di accrescere la propria capacità innovativa e competitività sul mercato – per fare ciò e per attuare il programma della rete – possano disporre di una dotazione patrimoniale.

L'istituzione di un fondo patrimoniale comune è oggi prevista quale contenuto meramente *facoltativo* del contratto di rete, tuttavia è evidente l'importanza di tale argomento sotto molteplici punti di vista.

Basti pensare come esso rilevi ai fini delle **agevolazioni fiscali**, dei **vantaggi amministrativi**, **finanziari**, nonché della possibilità di sviluppare convenzioni con l'A.B.I. che la Legge n. 122/104 ha previsto per le reti di imprese, nell'ottica di rilanciare la competitività economica.

Quanto ai mezzi destinati alla realizzazione del programma di rete, la Legge – sancendo l'importante contributo del contratto alla definizione del regime di responsabilità della rete – ha previsto due strumenti: le imprese aderenti possono prevedere, nel contratto, l'istituzione di un **fondo patrimoniale comune** cui si applicano, in quanto compatibili, le norme di cui agli artt. 2614 e 2615 del Codice Civile in materia di consorzio con attività esterna; oppure il programma può prevedere che «l'esecuzione del conferimento possa avvenire anche mediante l'apporto di un patrimonio destinato ai sensi dell'art 2447-*bis* c.c.».

È evidente che la scelta del regime patrimoniale dipenderà dal programma comune di rete e dagli obiettivi che gli aderenti perseguono attraverso l'aggregazione; la scelta poi non sarà esente da importanti conseguenze in ordine, anche, alla qualificazione giuridica della rete e del contratto su cui si fonda.

L'istituzione di un **fondo comune** cui andrà applicato il **regime patrimoniale dei consorzi** sarà adattabile a quelle reti che abbiano optato per una struttura organizzativa/corporativa con autonomo rischio di impresa: in tal caso il contratto di rete assume la natura di contratto associativo a rilevanza esterna e la rete può essere considerata come centro di imputazione dotato di soggettività giuridica.

Qualora, pertanto, si proceda alla costituzione del **fondo patrimoniale**, la legge prescrive che il contratto debba obbligatoriamente prevedere la «misura e i criteri di valutazione dei conferimenti iniziali e degli eventuali contributi successivi»: essi, insieme ai beni acquistati con tali contributi costituiscono il fondo patrimoniale comune.

Il contratto deve altresì indicare, per espressa previsione legislativa, *le regole di gestione del fondo medesimo* con riferimento per esempio alle modalità d'uso dei beni comuni e alle modalità di investimento dei fondi, lasciando intendere che tale fondo possa essere affidato alla gestione dell'organo comune ma anche di un soggetto terzo alla rete.

Come detto, il legislatore ha previsto per le reti di imprese un fondo dotato della stessa autonomia patrimoniale che il Codice Civile riconosce al fondo consortile agli artt. 2614 e 2615: per la durata del contratto, pertanto, gli aderenti non potranno chiedere la divisione del fondo e i creditori particolari delle imprese aderenti alla rete non potranno far valere i propri diritti sul fondo comune. Per quanto concerne la responsabilità patrimoniale verso i terzi, in ordine alle obbligazioni assunte in nome della rete, i terzi potranno far valere i loro diritti esclusivamente sul fondo della rete. Per le obbligazioni assunte dagli organi della rete per conto dei singoli aderenti, infine, risponderanno questi solidalmente col fondo della rete.

Come detto, la dotazione di mezzi per la realizzazione del programma può, per espressa previsione legislativa, avvenire alternativamente con l'istituzione di un patrimonio destinato al singolo affare secondo quanto disposto dall'art. 2447-*bis* c.c. Al di là della scelta che gli aderenti operino per l'uno o per l'altro strumento, è evidente che il **contratto di rete** avrà un determinante **ruolo di governo della responsabilità patrimoniale**.

Sotto questo profilo l'autonomia delle parti e il contratto, avranno un ruolo importante giacché dovranno creare un insieme di regole che, pur nel rispetto dei vincoli normativi, dovranno consentire alla rete di operare in maniera efficace sul mercato per accrescere la capacità innovativa e la competitività delle imprese aderenti.

SEGRETO n. 6: è necessario costituire il patrimonio della rete dotandola di un fondo patrimoniale che permetta di avviare l'attività e far fronte agli impegni economici.

La rete, in particolare, può presentare una struttura organizzativa. L'art. 2-*bis* della legge 30 luglio 2010 n. 122 prevede, infatti, che «il contratto può anche prevedere [...] la nomina di un organo comune incaricato di gestire, in nome e per conto dei partecipanti, l'esecuzione del contratto o di singole parti o fasi dello stesso».

La norma oggetto della presente disamina presenta svariati profili di novità in ordine al tema del "governo della rete" rispetto alla previgente disciplina, stabilendo innanzitutto che, la nomina dell'organo comune cui le parti possono conferire un incarico per l'esecuzione del contratto di rete, **non costituisce elemento essenziale ai fini della configurabilità dello stesso**.

La nomina di tale organo pertanto è oggi prevista quale elemento facoltativo del contratto. Qualora le parti, invece, decidano per l'istituzione di un tale organo comune, la norma citata prevede che il contratto debba indicare il soggetto prescelto per svolgere tale ufficio «per l'esecuzione del contratto o di una o più parti o fasi di esso».

In merito alla *composizione* dell'organo comune, la norma parla oggi, infatti, di "soggetto prescelto" lasciando intendere che **l'organo comune si identifichi in un unico soggetto destinatario del mandato**.

L'organo di governo della rete, così come definito dalla legge, ha *natura monocratica* e non policratica: è plausibile che tale soggetto sia una persona fisica, imprenditore o società, aderente alla rete ma anche terzo rispetto a questa. Di tale organo le parti definiscono, nel contratto, i poteri di rappresentanza, ne regolano la struttura e il funzionamento. Un ulteriore profilo di novità delineato dall'intervento legislativo, è rappresentato dalla natura dell'organo comune, oggi definito *mandatario comune.*

Il legislatore ha inquadrato l'incarico all'organo comune nella fattispecie del mandato collettivo non riconoscendo allo stesso la natura di organo in senso proprio, applicando il meccanismo della rappresentanza organica e del regime degli organi amministrativi degli enti collettivi.

Non è previsto un organo assembleare in cui si esprima la volontà degli aderenti e che presidi la programmazione dell'attività comune il che non consente di assimilare il contratto di rete ai contratti associativi a struttura corporativa.

Non vi sono dubbi che la scelta operata comporti un controllo più stretto da parte dei mandanti nei confronti dell'organo mandatario assoggettato ai limiti dell'incarico e delle istruzioni che gli vengono impartite. Il funzionamento del novellato organo comune sarà pertanto disciplinato dalle norme che il legislatore del 1942 ha previsto per il mandato.

Il legislatore ha preferito optare per la struttura più leggera del mandato, togliendo alla figura dell'organo comune la flessibilità: è innegabile tuttavia che tale scelta sia da inquadrare nell'ottica di una semplificazione. Da non dimenticare infine che l'attribuzione del riconoscimento di poteri rappresentativi all'organo gestore della rete presuppone, affinché essi operino verso i terzi, un adeguato sistema di pubblicità.

Tale ultima considerazione consente di introdurre il tema, molto importante: *la forma che la legge richiede per il contratto di rete.*

È possibile concludere affermando che il legislatore ha confermato di affidare la funzionalità della rete alla capacità progettuale delle parti, alla loro abilità nel definire un programma, ma anche di darsi delle regole. In tale ottica il contratto assume un ruolo fondamentale di regolazione dell'attività.

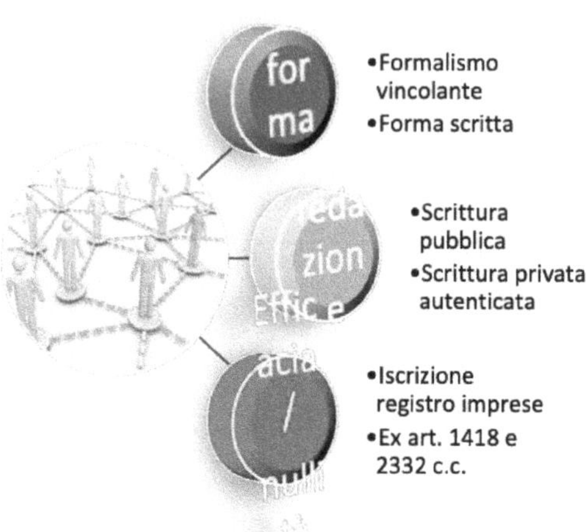

SEGRETO n. 7: è necessario creare un organo comune di gestione che si identifichi in un unico soggetto destinatario del mandato. Questo avrà natura monocratica, e non è previsto come elemento essenziale dalla normativa.

Il comma 2-*quater* dell'articolo 42 stabilisce che il programma comune di rete deve essere «preventivamente asseverato» da parte di «organismi espressione dell'associazionismo imprenditoriale muniti dei requisiti previsti con decreto del Ministro dell'economia e delle finanze».

Il decreto del Ministro dell'economia e delle finanze del 25 febbraio 2011 ha definito i predetti requisiti, stabilendo che «sono abilitati a rilasciare l'asseverazione del programma gli organismi espressi dalle Confederazioni di rappresentanza datoriale rappresentative a livello nazionale presenti nel Consiglio Nazionale dell'Economia e del Lavoro ai sensi della legge 30 dicembre 1986, n. 836, espressioni di interessi generali di una pluralità di categorie e territori» (articolo 3, comma 1).

Sebbene la circolare del 15 febbraio 2011 dell'Agenzia delle Entrate abbia chiarito che l'istituzione del fondo patrimoniale comune non costituisca elemento essenziale ai fini della sottoscrizione di un contratto di rete, esso diventa imprescindibile ai fini dell'ottenimento dell'agevolazione fiscale in quanto, poiché destinato unicamente all'attuazione del programma di rete per il raggiungimento degli obiettivi strategici dell'aggregazione, assume rilevanza esterna nei confronti dell'Amministrazione Pubblica che deve applicare la sospensione d'imposta.

Alla condizione d'istituzione del fondo patrimoniale, che

interessa l'aspetto economico delle attività della rete, si aggiunge, sempre al fine di usufruire del beneficio, anche «la verifica preventiva della sussistenza degli elementi propri del contratto di rete e dei relativi requisiti di partecipazione in capo alle imprese che lo hanno sottoscritto». In altre parole, il programma comune deve essere esaminato e validato da un organismo esterno alla rete.

L'asseverazione è affidata a:

- organismi di diritto privato espressione dell'associazionismo imprenditoriale abilitati alla valutazione del programma di rete;
- organismi espressi dalle Confederazioni di rappresentanza datoriale rappresentative a livello nazionale presenti nel Consiglio nazionale dell'economia e del lavoro ai sensi della legge 30 dicembre 1986, n. 836, espressioni di interessi generali di una pluralità di categorie e territori (decreto ministeriale 25 febbraio 2011);
- organismi pubblici, in via sussidiaria, individuati con successivo decreto.

Fin qui i fatti, o meglio, la normativa ad oggi in essere. Volendo leggere tra le righe e andare oltre la prassi da seguire, viene da pensare al ruolo che nel tempo potrebbe assumere l'introduzione del concetto di asseverazione all'interno di un contesto normativo in continua evoluzione, e cioè laddove la rete non ha soggettività giuridica e tributaria, e la nomina di un organo comune è definito elemento accessorio e non obbligatorio nella sottoscrizione di un contratto di rete, le imprese aggregate in rete possono trovare nell'applicazione del concetto di "asseverazione del programma" quella rilevanza esterna autorevole (per la legittimità dei soggetti cui è demandata l'asseverazione) nei confronti di terzi.

In altre parole, l'introduzione del concetto di verifica dei requisiti propri dell'aggregazione in rete da parte di un organismo esterno alla rete stessa costituisce un primo passo verso la probabile formalizzazione di una attività che potrebbe diventare necessaria nei fatti – ancorché non obbligatoria dalla normativa – se assumerà la valenza di *elemento distintivo della serietà di una rete rispetto a un'altra*, arrivando a rappresentare un vero e proprio "certificato di garanzia" rispetto alla solidità delle imprese

in gioco e soprattutto alla validità delle prospettive di sviluppo dei loro progetti in comune.
L'asseverazione potrebbe risultare utile, ad esempio, nei confronti del *sistema creditizio*, di cui ad oggi non esiste un criterio chiaro e comune di valutazione della solidità di una rete di imprese.

Le Confederazioni di rappresentanza datoriale così individuate devono presentare all'Agenzia delle entrate la comunicazione contenente l'elenco e i dati degli organismi, espressione delle Confederazioni stesse, abilitati a rilasciare l'asseverazione.

Tale comunicazione ha anche la finalità di consentire all'Agenzia delle entrate la pubblicazione, sul proprio sito internet http://www.agenziaentrate.gov.it, dell'elenco degli organismi abilitati (articolo 3, comma 2). L'asseverazione è attestata entro 30 giorni dalla richiesta di rilascio dell'organo comune per l'esecuzione del contratto di rete ovvero del rappresentante della rete risultante dalla stipula dello stesso contratto (articolo 4, comma 3).

L'asseverazione del programma comune comporta la verifica

preventiva da parte degli organismi abilitati della sussistenza degli elementi propri del contratto di rete e dei relativi requisiti di partecipazione in capo alle imprese che lo hanno sottoscritto. Si tratta degli elementi e dei requisiti previsti dal comma 4-*ter* dell'articolo 3 del d.lgs. n. 5 del 2009.

Al riguardo si precisa che quanto disposto dall'articolo 1, comma 2, del d.m. 25 febbraio 2011 – secondo cui l'asseverazione rilasciata costituisce condizione necessaria e sufficiente per la dimostrazione dell'esistenza dei requisiti per la fruizione dell'incentivo fiscale – deve intendersi riferito alla dimostrazione dell'esistenza degli elementi propri del contratto di rete, nonché dei relativi requisiti di partecipazione in capo ai sottoscrittori, oggetto di verifica preventiva da parte degli organismi asseverativi.

In altre parole, l'avvenuta asseverazione non esime le imprese dal realizzare gli altri presupposti previsti dalla norma per accedere all'agevolazione.

Gli organismi abilitati sono tenuti a comunicare l'avvenuta

asseverazione all'Agenzia delle entrate, trasmettendo i dati relativi alle imprese aderenti alla rete, il cui programma comune ha ottenuto l'asseverazione (articolo 4, comma 3).

SEGRETO n. 8: si deve asseverare il programma di rete attraverso la verifica preventiva della sussistenza degli elementi propri del contratto di rete e dei relativi requisiti di partecipazione.

Il contratto di rete, per godere dei benefici fiscali, deve essere preventivamente asseverato da organismi di espressione dell'associazionismo imprenditoriale o da organismi pubblici individuati con l'apposito decreto, organismi che dovranno verificare in concreto la sussistenza degli elementi propri del contratto di rete e dei relativi requisiti di partecipazione in capo alle imprese che lo hanno sottoscritto.

L'agevolazione fiscale prevista in favore delle imprese che sottoscrivono o aderiscono a un contratto di rete consiste in un regime di sospensione di imposta di cui possono fruire gli utili d'esercizio accantonati ad apposita riserva e destinati alla realizzazione di investimenti previsti dal contratto asseverato.

Non di detassazione quindi si parla, come inizialmente auspicato, ma di semplice differimento dell'imposta. Inoltre si applica esclusivamente ai fini delle imposte sui redditi e non opera ai fini dell'IRAP.

In merito alla determinazione dell'importo agevolabile viene stabilito, altresì, che gli utili che non concorrono alla formazione del reddito non possono eccedere, in ogni caso, il limite di euro 1.000.000 per ciascuna impresa, nonché per ciascun periodo d'imposta in cui è consentito l'accesso all'agevolazione, fermo restando il limite pari a 20 milioni di euro per l'anno 2011 e 14 milioni di euro per ciascuno degli anni 2012 e 2013.

L'agevolazione inoltre opera esclusivamente in sede di versamento del saldo delle imposte sui redditi dovute per il periodo di imposta relativo all'esercizio cui si riferiscono gli utili destinati al fondo patrimoniale comune o al patrimonio destinato all'affare.

Il regime di sospensione di imposta cessa, e quindi gli utili accantonati concorrono alla formazione del reddito, nell'esercizio in cui la riserva è utilizzata per scopi diversi dalla copertura di perdite di esercizio ovvero in cui viene meno l'adesione al contratto di rete. L'agevolazione opera fino al periodo d'imposta in corso al 31 dicembre 2012.

Si ricorda inoltre che la Commissione europea, con decisione C(2010)8939 def. del 26 gennaio 2011, si è espressa ritenendo che la misura in favore delle reti di impresa non costituisce aiuto di Stato ai sensi dell'art. 107, paragrafo 1, del Trattato sul funzionamento dell'Unione europea.

Con la Circolare n. 15 del 14 aprile 2011, l'Agenzia delle Entrate ha fornito i primi chiarimenti sui presupposti per accedere all'agevolazione fiscale prevista dall'articolo 42 del d.lgs. del 31 maggio 2010, n. 78, convertito con modificazioni dalla Legge 30 luglio 2010, n. 122, in favore delle imprese aderenti a un contratto di rete.

SEGRETO n. 9: l'agevolazione fiscale consiste in un regime di sospensione di imposta di cui possono fruire gli utili d'esercizio accantonati ad apposita riserva e destinati alla realizzazione di investimenti previsti dal contratto asseverato.

L'agevolazione fiscale consiste nella sospensione dell'imposta sugli utili d'esercizio accantonati ad apposita riserva e destinati al fondo patrimoniale per la realizzazione degli investimenti previsti dal programma comune di rete. Il regime di sospensione cessa, poi, nell'esercizio nel quale la riserva è utilizzata per scopi diversi dalla copertura di perdite.

Nella circolare viene dapprima richiamata la disciplina civilistica del contratto di rete: «Con il contratto di rete più imprenditori perseguono lo scopo di accrescere, individualmente e collettivamente, la propria capacità innovativa e la propria competitività sul mercato» (articolo 3, comma 4-*ter*, d.l. n. 5 del 2009).

Elemento essenziale del contratto di rete è il *programma comune*; il contratto può anche prevedere l'istituzione di un fondo patrimoniale comune e la nomina di un organo comune incaricato di gestire, in nome e per conto dei partecipanti, l'esecuzione del contratto o di singole parti o fasi dello stesso.

I presupposti per accedere all'agevolazione fiscale sono:

l'adesione delle imprese al contratto di rete; l'accantonamento ad apposita riserva di una quota degli utili di esercizio; la destinazione di essi al fondo patrimoniale comune per la realizzazione degli investimenti previsti dal programma comune di rete; e l'asseverazione del programma di rete da parte di appositi organismi.

Tali presupposti devono sussistere al momento della fruizione dell'agevolazione; la realizzazione degli investimenti, invece, può avvenire dopo la fruizione dell'agevolazione, purché entro l'esercizio successivo a quello nel quale è stata deliberata la destinazione dell'utile. L'agevolazione riguarda gli utili d'esercizio accantonati a partire dal periodo d'imposta in corso al 31 dicembre 2012.

Possono accedere all'agevolazione fiscale sia le imprese che hanno originariamente sottoscritto un contratto di rete, sia le imprese che hanno aderito a un contratto di rete già esistente, indipendentemente dalla forma giuridica, dalle dimensioni aziendali, dalla tipologia di attività svolta o dal settore economico di riferimento e dalla localizzazione territoriale.

Il regime di sospensione d'imposta viene attuato mediante una diminuzione della base imponibile del reddito d'impresa relativo al periodo d'imposta al quale si riferiscono gli utili accantonati.

L'agevolazione riguarda le imposte sui redditi e non l'Irap. Può essere fruita soltanto in sede di versamento del saldo delle imposte sui redditi, senza incidere sul calcolo degli acconti dovuti. Inoltre, il 14 aprile 2011, sono stati emanati anche tre provvedimenti del Direttore dell'Agenzia delle Entrate, con i quali è stata data attuazione alla disposizione che prevede l'agevolazione fiscale in questione.

Con due provvedimenti sono stati, infatti, approvati i modelli da compilare. Si tratta, in particolare, del modello RETI per comunicare i dati per la fruizione dei vantaggi fiscali. È disponibile gratuitamente sul sito Internet dell'Agenzia delle Entrate in formato elettronico.

Deve essere presentato all'Agenzia medesima esclusivamente per via telematica, attraverso il software AgevolazioneReti (disponibile dal 20 aprile 2012), nei periodi dal 2 maggio al 23 maggio 2011, 2012 e 2013 relativamente ai periodi d'imposta in corso, rispettivamente, al 31 dicembre 2010, 2011 e 2012.

Un ulteriore provvedimento riguarda il modello per la comunicazione dell'idoneità dell'organismo ad asseverare un determinato programma di rete. Questo verrà inviato all'Agenzia delle Entrate dalle rispettive Confederazioni di rappresentanza datoriale, rappresentative a livello nazionale. Infine, è stato emanato un terzo provvedimento con il quale sono stati definiti i criteri e le modalità di comunicazione dell'avvenuta asseverazione del programma comune di rete.

La comunicazione in questione deve essere trasmessa all'Agenzia delle Entrate dagli organismi di asseverazione, per via telematica, entro il mese di aprile dell'anno successivo a quello nel quale l'avvenuta asseverazione è comunicata all'organo comune per l'esecuzione del contratto di rete o al rappresentante della rete risultante dal contratto.

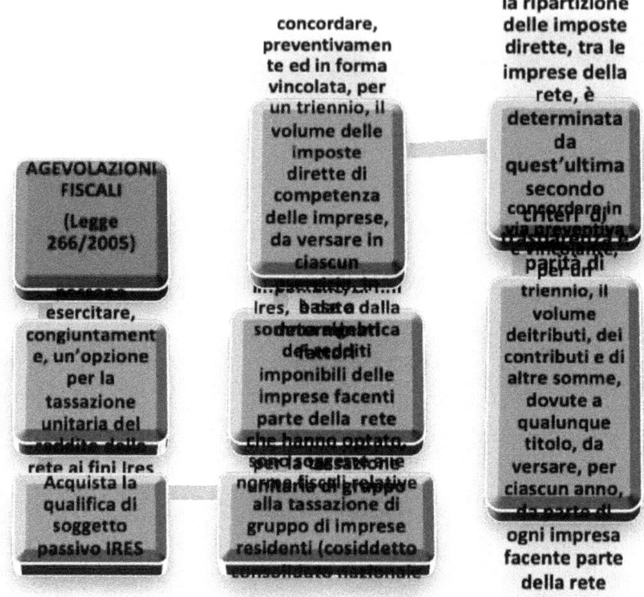
AGEVOLAZIONI FISCALI (Legge 266/2005)
esercitare, congiuntamente, un'opzione per la tassazione unitaria del
rete ai fini Ires
Acquista la qualifica di soggetto passivo IRES
concordare, preventivamente ed in forma vincolata, per un triennio, il volume delle imposte dirette di competenza delle imprese, da versare in ciascun
imponibili delle imprese facenti parte della rete
alla tassazione di gruppo di imprese residenti (cosiddetto
la ripartizione delle imposte dirette, tra le imprese della rete, è determinata da quest'ultima secondo
triennio, il volume deltributi, dei contributi e di altre somme, dovute a qualunque titolo, da versare, per ciascun anno,
ogni impresa facente parte della rete

RIEPILOGO DEL CAPITOLO 2:

- SEGRETO n. 5: occorre aumentare la propria competitività sul mercato perseguendo lo scopo di accrescere, individualmente e collettivamente, la propria capacità innovativa.
- SEGRETO n. 6: è necessario costituire il patrimonio della rete dotandola di un fondo patrimoniale che permetta di avviare l'attività e far fronte agli impegni economici.
- SEGRETO n. 7: è necessario creare un organo comune di gestione che si identifichi in un unico soggetto destinatario del mandato. Questo avrà natura monocratica, e non è previsto come elemento essenziale dalla normativa.
- SEGRETO n. 8: si deve asseverare il programma di rete attraverso la verifica preventiva della sussistenza degli elementi propri del contratto di rete e dei relativi requisiti di partecipazione.
- SEGRETO n. 9: l'agevolazione fiscale consiste in un regime di sospensione di imposta di cui possono fruire gli utili d'esercizio accantonati ad apposita riserva e destinati alla realizzazione di investimenti previsti dal contratto asseverato.

CAPITOLO 3:
Come finanziare le reti di impresa

Finanziare le reti di impresa può significare finanziare le singole imprese in rete oppure la rete in quanto tale. Nel primo caso la rete è certamente finanziabile in quanto si ricade nel fenomeno ordinario del finanziamento di singole imprese. Tra le molteplici caratteristiche operative di queste ultime, che il finanziatore avrà interesse a valutare, vi sarà anche quella di aver sottoscritto un contratto di rete con altre imprese. La seconda ipotesi può, a prima vista, apparire un salto nel futuro, tuttavia ci sono due possibilità che la rendono concreta e immediata:

- da un lato, nel momento in cui cominciano a formarsi reti dotate di soggettività giuridica e patrimoniale, la scelta che si pone alle banche è ignorare il fenomeno, perdendo forse opportunità di sviluppo degli affari o dotarsi di logiche e strumenti d'intervento per cogliere le opportunità minimizzandone i rischi e la complessità;
- dall'altro lato, si può avere il finanziamento di reti che possono risultare finanziabili secondo le logiche del

cosiddetto *specialized lending*, ossia un sistema che consente di finanziare oggetti e non necessariamente soggetti giuridici autonomi. Questa normativa è richiamata anche dalla normativa di vigilanza bancaria (Basilea 2).

In sostanza, si hanno nel complesso tre fattispecie di finanziamento delle rete:

- finanziamento delle imprese in rete;
- finanziamento della rete oggetto (*specialized lending*);
- finanziamento della rete soggetto.

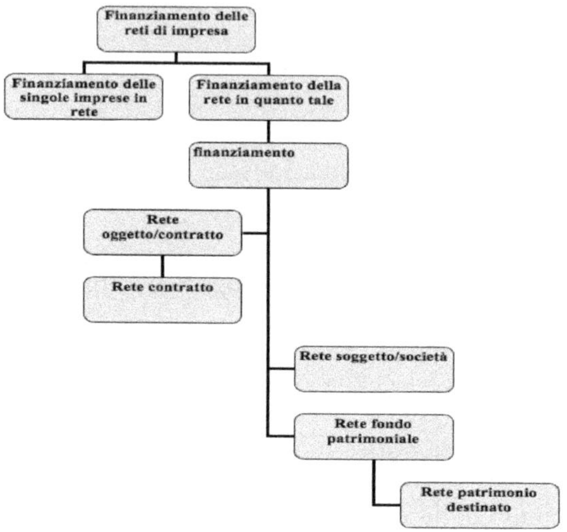

Il finanziamento delle singole imprese pone problemi di quadro teorico relativamente più limitati: infatti, in questo caso, la valutazione di affidabilità dell'impresa dovrà tenere conto degli ulteriori elementi di valutazione derivanti dai potenziali contributi positivi della rete, così come dei possibili impatti negativi della stessa.

Qualche problema può, tuttavia, derivare dal prevalente uso di sistemi di assegnazione dei rating alla PMI da parte delle principali banche, che mal si adattano alla valutazione del contributo di partecipazione a un contratto di rete da parte di una PMI.

Ma i problemi di maggior rilievo legati al finanziamento delle singole imprese in rete derivano dalla reale consistenza del premio di rete e del connesso finanziamento ottenibile dalle imprese in rete: infatti, salvo che non si scateni una guerra commerciale tra banche interessate ad accompagnare lo sviluppo delle reti di impresa (che come strumento di marketing adottino un allenamento delle maglie dei requisiti di merito creditizio delle imprese in rete) è difficile immaginare che contratti di rete estremamente flessibili possano condurre a un sostanzioso miglioramento della qualità creditizia della singola PMI e a un sostanzioso incremento della dimensione quantitativa del merito di credito della singola PMI, e questo perché se la rete non ha una configurazione tale da poter essere considerata una rete-soggetto o, almeno, una rete-oggetto, è verosimile che il contratto di rete sia poco stabile e che anche le risorse a disposizione della rete per perseguire con successo la propria missione siano instabili e limitate.

In altri termini, il premio di rete discende dalla considerazione che, come i beni organizzati in una impresa hanno un valore superiore al loro valore individuale, così le imprese organizzate in rete hanno un valore superiore a quello delle singole imprese.

Tuttavia, come l'impresa ha bisogno di una "stabile organizzazione" per creare questo plusvalore, così la rete ha bisogno di una sua stabilità per creare e manifestare all'esterno il suo valore. Quindi, la flessibilità del contratto di rete può consentire una moltiplicazione delle opportunità di creare valore insieme, da parte di più soggetti; rischia, però, di non poter dare un contributo apprezzabile alle singole imprese in rete, anche quando abbia consentito loro di migliorare significativamente la propria capacità di produzione di reddito e cassa.

Ciò perché, se la rete può sciogliersi da un momento all'altro, o se un suo attore-chiave può recedere senza significativi vincoli, il valore creato nel passato e trasferito ai bilanci delle imprese partecipanti potrebbe non essere più ottenibile in futuro. Di conseguenza, anche nel caso di finanziamenti da erogare alle imprese in rete, la dimensione dei finanziamenti e del loro costo non può prescindere dalla valutazione della coesione della rete, ossia della sua stabilità giuridica ed economica, quale condizione per produrre reddito e cassa addizionali nel futuro.

SEGRETO n. 10: evitare che il contratto di rete sia poco stabile e che anche le risorse a disposizione della rete per perseguire con successo la propria missione non siano instabili e limitate.

Il finanziamento della rete-oggetto e della rete-soggetto pone, invece, problemi metodologici più rilevanti e requisiti di configurazione giuridica ed economica della rete in cui occorre tenere conto già in fase di costituzione della stessa:

- **a livello micro**, per mettere in luce gli aspetti che rilevano per la possibilità di finanziare la rete che sono al contempo elementi da valutare da parte dei finanziatori ed elementi da articolare in modo intelligente durante la costituzione della rete da parte delle imprese costituenti;
- **a livello macro**, in termini di indirizzi normativi che sarebbe auspicabile avere nel paese di sostituzione della rete.

SEGRETO n. 11: occorre effettuare analisi su diversi livelli, e cioè sia a livello micro che macro economico.

È utile una classificazione delle reti in termini di possibilità di finanziare e la messa in evidenza dei profili della rete: chiarezza della *governance*, omogeneità del modello contrattuale, condizioni contrattuali ed economico-finanziarie di sopravvivenza. Occorre tenere presente che la rete d'impresa, se da un lato può creare valore, dall'altro può distruggerlo, come conseguenza del più incerto quadro giuridico che la caratterizza e, conseguentemente, della maggiore complessità del governo e della maggiore difficoltà di escussione delle garanzie. A tal fine i requisiti base per ottenere un finanziamento hanno molti ruoli essendo rilevanti quando:

- più imprese costruiscono una rete articolando il contratto di rete e l'apporto di risorse finanziarie e non finanziarie alla rete, nell'attesa che essa possa risultare di interesse e accrescere le risorse finanziarie messe a disposizione da parte delle banche;
- fare un'analisi per valutare l'affidabilità ed esprimere un rating interno cioè autovalutazione della propria azienda per immedesimarsi nella figura di un potenziale finanziatore e

analizzare il progetto al fine di decidere se investire o meno;

- porre in essere politiche che cerchino di facilitare la finanziabilità da parte del mercato e degli intermediari finanziari.

SEGRETO n. 12: la rete d'impresa può creare valore ma può anche distruggerlo, come conseguenza dell'incertezza del progetto.

Sono, infatti possibili, diverse fattispecie di rete tenendo in considerazione:

- la libertà di costituzione di società (molto importante è non considerare la rete come una *start up*, poiché in sostanza rappresenta la messa in comune di competenza, tecnologie, relazioni di mercato di società già esistenti e dotate di una propria storia strategica, economica e finanziaria);
- l'ampia libertà di articolazione di contratti plurilaterali, di tipo associativo e a struttura aperta, espressamente prevista dalla legge 30 luglio 2010 n. 122, all'art. 42 (questi ultimi consentono di dar vita a un'ampia gamma di configurazioni alternative di rete che sono molto diverse dal punto di vista

della possibilità di finanziare.

Al fine di ottenere dei finanziamenti, possiamo individuare due tipologie di reti.

La rete-società

Quando le imprese che desiderano mettersi in rete trovano nella costituzione di una società la soluzione giuridica alla loro esigenza, si rientra in una fattispecie nota, in cui il creditore verificherà, nel modo usuale, come condizioni preliminari delle possibilità di finanziare:

- lo statuto e l'oggetto sociale;
- i soggetti dotati di poteri di gestione e di rappresentanza;
- la dotazione di capitale e gli obblighi di rendicontazione;
- i soci.

Definiamo questo caso rete-società: essa è una società dal punto di vista legale e funzionale e una rete solo dal punto di vista dell'originalità e della missione aziendale.

Questa sua specificità può avere importanti risvolti per la

possibilità di finanziare, in considerazione del fatto che potrebbe essere logico non considerarla una start up qualora costituisca l'estensione di capacità imprenditoriale, competenze di gestione, relazioni di mercato, know-how tecnologico, uomini e mezzi, che hanno già operato nel business cui la rete si rivolge, stando in precedenza nelle imprese partecipanti.

Una volta verificati i citati elementi essenziali del soggetto giuridico dotato di autonomia decisionale e patrimoniale, si può certamente rendere tale società destinataria di un rating e di finanziamenti, né più né meno di altre società. Quindi, nel caso della rete-società, i problemi per il legislatore, per le imprese che vi partecipano e per le banche finanziatrici sono limitati e riconducibili al generale funzionamento della società.

In altri termini, la configurazione societaria classica, pur presentando molteplici debolezze connesse al funzionamento efficacie ed efficiente della macchina giudiziaria e alle molte aree grigie che ancora permangono nell'interpretazione e nell'esecuzione delle norme, può tuttavia contare su un corpus di norme ampio e consolidato e su una giurisprudenza molto estesa.

Ciò riduce, per il finanziamento, una serie di rischi connessi al funzionamento dell'entità finanziata, e quindi alla probabilità di default, e alla liquidabilità del soggetto finanziato in caso di default.

Tuttavia, anche nel caso in cui la rete si strutturi come una società vera e propria, partecipata da altre imprese che intendono operare con una logica di rete, l'erogazione dei prestiti e l'assegnazione di rating potrebbero non essere immediati, qualora le banche considerino la rete come una start up e quindi priva di politiche creditizie e finanziarie e strumenti di valutazione ad hoc.

La rete-contratto

Fa riferimento a un contratto di rete istituito ai sensi dell'art. 42, della Legge 122/2010: un contratto plurilaterale, con comunione di scopo, tendenzialmente aperto che favorisce l'interdipendenza tra imprenditori ed imprese, ma non per questo nega l'indipendenza dei singoli:

- una società che non ha uno statuto ma che viene regolata dal contratto di rete;

- non è previsto un organo comune di gestione e rappresentanza della rete;
- non è previsto un fondo patrimoniale comune e sono assenti obblighi di rendicontazione.

Questo tipo di rete manca di importanti elementi di personificazione quali, un organo comune di gestione e di rappresentanza, un fondo patrimoniale comune e gli obblighi di rendicontazione. Questo non vuol dire che la rete-contratto non sia finanziabile, ma che cambiano radicalmente i requisiti della possibilità di finanziare, la tipologia di finanziamento bancario cui si ha accesso e la natura dei processi di assegnazione dei rating creditizi.

Dal punto di vista dei finanziatori, il pregio di questa soluzione è la possibilità di isolare il progetto dal resto dell'attività dei soggetti originali, sponsor e gestori del progetto stesso. Ciò consente una più agevole valutazione del rischio del progetto, ma, ovviamente, richiede metodi di valutazione del rischio e assegnazione del rating del tutto diverso da quello usato per la generalità delle imprese.

SEGRETO n. 13: è necessario scegliere la forma giuridica della rete: si possono identificare due forme di rete, la rete-società e la rete-contratto.

L'esistenza di una società-veicolo responsabile del finanziamento consente almeno di ridurre l'area che riguarda il trattamento delle situazioni di crisi economico-finanziaria del progetto. Inoltre l'esistenza di una società-veicolo conferma l'impostazione originaria della tecnica dei fidi bancari, che sostiene che si «finanziano le imprese e non i singoli investimenti».
Ma ci sono altre tipologie di finanziamento in cui non si crea una società ad hoc. Ad esempio, si consideri il caso del finanziamento di attività materiali a destinazione specifica, il cosiddetto *object finance*: esso è un metodo con cui si finanzia l'acquisizione di attività materiali e in cui il rimborso dell'esposizione dipende dal reddito generato dall'attività specifica finanziata e costituita in garanzia o trasferita al prestatore.

Simile è il caso del finanziamento delle merci o di immobili da investimento, in cui le prospettive di rimborso e recupero dell'esposizione dipendono in primo luogo dalla vendita del bene o da flussi generati dall'attività.

Tutte queste fattispecie sono caratterizzate da elementi comuni:

- l'oggetto del finanziamento è circoscritto;
- le aspettative di produzione di flussi finanziari sono ben identificate e dotate di una aleatorietà non troppo elevata;
- sull'oggetto del finanziamento, che ha uno specifico valore di liquidazione, è iscritta una garanzia a favore del creditore;
- la complessità dei profili legali contrattuali è ridotta;
- la durata del finanziamento è delimitata dalla vita utile dell'oggetto finanziato.

SEGRETO n. 14: l'esistenza di una società-veicolo responsabile del finanziamento consente di aumentare la fiducia del finanziatore che si trova a finanziare l'impresa e non singoli investimenti.

In sostanza quanto più ci si allontana dalla configurazione societaria classica, tanto più si accresce la complessità e l'indeterminatezza delle norme, della giurisprudenza e delle prassi gestionali che presiedono al funzionamento e alla liquidazione del soggetto/oggetto del finanziamento; ciò può determinare:

- un aumento della probabilità di gestione inefficiente e inefficace dell'iniziativa imprenditoriale;
- una crescita dei rischi di default e un abbassamento dei rating del debitore fino a giungere alla non possibilità di finanziare;
- una più semplice individuazione delle opportunità di produzione del reddito e delle condizioni di equilibrio finanziario dell'operazione creditizia;
- una riduzione dei rischi percepiti di default e di perdita. La normativa odierna è caratterizzata da una notevole dose di incertezza, ecco perché, a medio e lungo termine, un impulso ulteriore allo sviluppo delle reti e alla loro possibilità di essere finanziate da parte del sistema bancario può derivare da un processo di tipizzazione delle reti innescato dall'azione di una pluralità di soggetti, operanti singolarmente o in modo coordinato.

Possono, a tale scopo, prospettarsi due alternative:

- una tipizzazione nell'ambito di un processo di autoregolamentazione, all'interno del quadro definito dalla legge stessa. Gli attori di questo processo possono essere le banche, gli ordini professionali, le associazioni imprenditoriali, le associazioni che studiano le reti di impresa;

- una tipizzazione eseguita dal Parlamento, attraverso una nuova legge. In questo caso, a fronte dei vantaggi di omogeneità d'indirizzo, si potrebbero avere consistenti riduzioni di flessibilità del contratto di rete che possono, soprattutto in prospettiva, comportare vincoli alla capacità di cogliere talune opportunità organizzative e strategiche da parte delle reti, magari legate all'aspetto della loro possibilità di finanziamento.

SEGRETO n. 15: è importante scegliere forme giuridiche societarie classiche e quindi determinare una tipizzazione della rete di impresa.

Il rating all'interno della rete

Come si forma un rating?

- *La richiesta del giudizio*: il rating è un voto che esprime l'affidabilità creditizia di un emittente di obbligazioni. Per avere un rating, una società deve fare un'esplicita richiesta a un'agenzia e chiedere di essere valutata. Ovviamente il servizio è a pagamento.

- *L'analisi*: una volta ottenuto l'incarico, l'agenzia di rating inizia l'analisi della società o dello Stato. L'analista incaricato usa dati pubblici, studia i fondamentali economici e finanziari e incontra i manager per raccogliere altre informazioni.
- *Il comitato di rating*: una volta terminato il lavoro dell'analista, si passa a un comitato l'organo collegiale che valuta tutto il materiale raccolto ed esprime un giudizio sotto forma di rating. Alla fine il rating viene votato a maggioranza.
- *L'appello al giudizio*: una volta votato, il rating è comunicato al soggetto giudicato. Questo può appellarsi offrendo informazioni aggiuntive o chiedendo di avere un'altra analisi. Il comitato può, sé necessario, riunirsi e deliberare nuovamente sul rating.
- *La pubblicazione finale del voto*: notificato il rating alla società, si passa alla pubblicazione. Una società può chiedere che il rating non sia pubblicato: in questo caso resterà riservato. In caso contrario il rating diventa noto al mercato.

Ormai il rating è un nodo focale per il finanziamento delle imprese, infatti, nelle banche, che coprono ormai una quota molto alta del mercato creditizio, la decisione di conoscere o non concedere i crediti, è strettamente legata all'identificazione della quantità e della qualità delle garanzie accessorie richieste, così come è importante importante l'identificazione del soggetto dotato dei necessari poteri di delibera. Perché si ritiene importante finanziare direttamente le reti e dare loro un rating anziché limitarsi a finanziare le imprese partecipanti utilizzando, quindi, i tradizionali rating di PMI?

Innanzitutto per favorire la nascita e la costituzione di reti-soggetto, ossia reti strutturate come una società, che sia in grado di trasmettere solidità e stabilità; inoltre, si favorisce una reale collaborazione e creazione del valore e lo stesso è comunicabile ai finanziatori, aumentando conseguentemente le risorse finanziarie a disposizione.

Il rating assolve queste funzioni: è lo strumento di comunicazione, è il linguaggio che comunica il valore e il rischio nell'ambito del "rischio del credito" delle imprese e, conseguentemente, della gestione dei crediti nella banca. Nel caso delle reti di impresa, l'utilizzo delle classiche metodologie di valutazione del rating risulta problematico. Sei sono i motivi:

- l'indisponibilità di sufficienti osservazioni storiche sulle reti;
- l'impossibilità di poter determinare il rischio di collasso contrattuale delle rete;
- la difficoltà di inquadrare il perimetro dell'attività della rete che potrebbe essere molto particolare, e dunque potrebbe generare scenari differenti;
- la riduzione della capacità della banca di valutare le specifiche condizioni della singola impresa-cliente;
- la limitazione del ruolo degli addetti fidi delle banche e il disincentivo allo sviluppo delle competenze di analisi d'impresa;
- la messa in ombra della capacità di acquistare informazioni leggere contraddicendo al principio della relazione con la banca.

Qualche deduzione

Le imprese più grandi hanno rating migliori. Le imprese con rating migliori hanno performance migliori. I flussi di default derivano eminentemente dalle peggiori classi di rating.

+ Dimensione

=

+ Risorse (anche in termine di fonti)

=

+ Investimenti + Equilibrio finanziario (e minori costi)

=

+ Performance gestionale

=

– Default

Il portafoglio crediti con alta *PD* (probabilità default) merita un maggior "tutoraggio" nella promozione di politiche finalizzate al miglioramento delle performance gestionali e del rating. **Il processo però non è automatico!**

Nel senso che occorre "lavorare" sulle informazioni qualitative per far emergere che il contratto di rete:

- supplisce a carenze dimensionali;
- trasferisce all'impresa i vantaggi competitivi di cui diversamente non avrebbe beneficiato (più sinergie, più risorse e valore aggiunto differenziante).

La gestione

È necessario strutturare la rete secondo uno schema societario ben definito:

1. promuovere un programma di rete che identifichi lo scopo, l'oggetto sociale perseguito dalla rete stessa: uno scopo che sia identificabile, realizzabile, raggiungibile, e che possa trovare un mercato di riferimento; ma anche regole precise e chiare che favoriscano la condivisione del progetto e della "convivenza" all'interno della rete, regole che stabiliscano come entrare nella rete e come uscirne senza intaccare la funzionalità e il funzionamento della rete; regole che stabiliscano come intervenire per un corretto funzionamento della rete e quanto investire; regole che stabiliscano obblighi e diritti dei partecipanti;
2. costituire un fondo patrimoniale comune che sia sufficientemente ampio per instillare nei terzi la convinzione che la rete è in grado di auto-finanziarsi, di provvedere alla produzione e di far fronte alle obbligazioni assunte;
3. costituire un organo comune che sia strutturato secondo principi di governance moderni: separazione del settore management dal settore proprietà. Ciò favorirebbe una

maggiore celerità nel prendere decisioni di ordine quotidiano e avrebbe come effetto, sia l'eliminazione di "sentimentalismi" che inevitabilmente si manifesterebbero se i titolari della rete provvedessero anche alla governance (avendo investito capitali sarebbero frenati dal prendere decisioni in maniera rapida in quanto la paura di perdere il proprio investimento avrebbe la meglio), sia la creazione di un unico interlocutore, ossia il management, con cui i terzi possono relazionarsi;

4. fornire alla banca tutte le informazioni per la determinazione del rating: la capacità storica e futura di generare reddito (cash flow); la struttura patrimoniale e la valutazione della probabilità che circostanze impreviste possano esaurire le risorse disponibili; la qualità dei ricavi; la qualità e la tempestività delle informazioni (programmi imprenditoriali); gli investimenti; il grado di applicazione della leva finanziaria; la flessibilità finanziaria derivante dall'accesso ai mercati; la capacità e lo stile di management; la posizione nel settore e le prospettive; le caratteristiche del rischio del paese/i in cui l'impresa opera.

Maggiori e migliori informazioni fornite alla banca permettono, usualmente, di migliorare il rating. La correlazione logica che ne consegue è la seguente:

+/– INFORMAZIONI + GESTIONE CORRETTA

=

+/–RATING = +/– CREDITO e +/– PRICING

Mettere ordine nella finanza aziendale, quindi:

- evitare sconfinamenti;
- pagare le rate di mutuo/leasing alla scadenza;
- aumentare, se possibile, la capitalizzazione;
- puntare sulla pianificazione finanziaria, ricercando la coerenza tra debiti e flussi di cassa;
- spostare a medio termine i debiti a breve (se surrogano debiti di scopo).

Cos'è veramente importante?

- *Politiche di bilancio* (maggior patrimonio, minori oneri finanziari, più cash flow, più equilibrio finanziario).
- *Aspetti di andamento* (no sconfinamenti; più pianificazione finanziaria, più attenzione all'utilizzo dei fidi a scadenza).

- *Informazioni* (evoluzione del rapporto da fornitura di credito a partenariato; maggiori e migliori informazioni da parte delle imprese; maggiore trasparenza; minori rapporti bancari come conseguenza di un nuovo modello di comunicazione molto impegnativo).
- *Gestione come funzione di "diagnostica"*.

È dunque importante operare un continuo check-up del sistema azienda-rete, congiuntamente alla Banca e al consulente finanziario valorizzando al meglio le informazioni qualitative e cominciando a ragionare in un'ottica basata sull'importanza del diagnosticare. Come dire: «Prevenire è meglio che curare!»

SEGRETO n. 16: è importante operare un continuo check-up del sistema azienda (rete congiuntamente alla Banca e al consulente finanziario) valorizzando al meglio le informazioni qualitative e operando una diagnostica costante.

Si riportano di seguito due esempi di rete di impresa con una solida struttura organizzativa e finanziaria.

Società 1

Costruzione macchinari e realizzazione impianti di processo e confezionamento di prodotti alimentari. Composizione: 6 aziende variamente specializzate.

- SOC. A: macchinari e linee di produzione complete per il dosaggio e confezionamento alimentare;
- B GROUP SPA: composta da micro aziende: B GROUP CHOCOLATE. Stoccaggio, distribuzione, modellamento; C SRL: incartamento; JOINT VENTURE: confezionamento flow pack; PACKAGING SRL: inscatolamento; GAMMA: pallettizzazione;
- C MACHINARY SPA: produzione e realizzazione macchine e impianti per processo alimentare: miscela, cottura, impasto, sottovuoto, pastorizzazione;
- X PROCESS ENGENEERING: definizione integrazione processo, project management, soluzioni automatizzate;
- X INTERNATIONAL: holding;
- RS: re-engeenering e divisione macchine per dosaggio e confezionamento.

Struttura modello aziendale. Il mercato viene presidiato e affrontato per piattaforme e segmenti merceologici. L'organizzazione fa leva su tre poli industriali più una struttura dedicata al coordinamento delle filiali estere. Ciascun polo è gestito da una delle aziende del gruppo con competenze specifiche: competenza politica commerciale, competenza tecnologica, competenza industriale. L'organizzazione si fonda su una struttura motivante in cui il management è tenuto separato dalla proprietà.

MANAGEMENT ≠ PROPRIETÀ

Comunanza fasi evolutive: propensione a sviluppare un sistema a rete con condivisione delle conoscenze e degli obiettivi, attuando una politica di valorizzazione del management e delle risorse umane. Il business si fonda su una qualità crescente del prodotto e del servizio, utilizzando piattaforme tecnologiche, anche attraverso la realizzazione di specifici macchinari e impianti produttivi. La struttura di vendita è strutturata come una rete che consta di dodici filiali estere che a loro volta si compongono di punti vendita di proprietà delle rete, punti vendita in partecipazione e punti vendita in franchising.

Elementi di forza. Una strategia di gestione degli assetti interni tesi al cambiamento e al miglioramento del modello di governance avente come obiettivo il rafforzamento del gruppo: una strategia di mercato tesa alla specializzazione e qualificazione. Un'architettura operativa che opera sul mercato e interloquisce con il cliente finale. Uso della tecnologia.

Mix:

- gestione del cambiamento;
- modello di organizzazione interno adatto allo scopo;
- strategie di penetrazione e capacità di presidio dei mercati;
- sviluppo tecnologico.

Strategie: governare il cambiamento attraverso cambiamenti radicali in quanto si è constatato che l'eccessiva fedeltà a modelli di sviluppo consolidati non è pagante; operazione di management buyout e quindi una nuova filosofia manageriale e un uovo modello di governance; nuove alleanze e nuove acquisizioni.

Modello organizzativo policentrico: a ciascun settore

merceologico corrisponde una piattaforma tecnologica con un'impresa unica responsabile, che coordina le altre aziende del gruppo. Esaltare gli asset sia tangibili che intangibili. Rafforzamento dei poli di competenza commerciale-tecnologica-industriale. Allargamento del raggio di azione attraverso il coordinamento delle filiali estere. Sviluppo e miglioramento ulteriore dell'autonomia operativa a livello locale. Divisione dei poteri del management dal board societario, dove al management spetta la gestione ordinaria della rete e al board spetta l'attività inerente il miglioramento di indirizzi di sviluppo, il coordinamento delle strategie competitive, il coordinamento delle strategie di business, le operazioni di finanza straordinaria e operare nuove acquisizioni.

Si osserva dunque una chiara definizione dei ruoli e delle responsabilità, in cui il manager, il board e il singolo imprenditore collaborano senza mai generare confusione dei rispettivi ruoli.

Si assiste a processi di gestione delle risorse umane tesi alla motivazione e al miglioramento; si assiste a efficaci metodi di conoscenza manageriale e a un diffuso approccio al progetto manageriale (project management). Si sviluppa un'elevata sensibilità all'innovazione inteso come processo produttivo, organizzazione e prodotto. Si genera una marcata cultura aziendale fondata su principi e valori: condivisione, integrazione, ascolto del mercato, ascolto delle esigenze del cliente.

Si verifica un doppio processo di innovazione: uno teso all'*up down*, ossia investimenti in ricerca e studi ad hoc sullo sviluppo di processo e di prodotto, e l'altro è un processo di *bottom up*, ossia ascolto dei singoli clienti attraverso un monitoraggio dei processi produttivi e proponendo soluzioni originali.

Sviluppare la visione del mercato: investire, migliorando e potenziando la rete con alleanze nuove; fare leva sulle aziende della rete che possono presidiare specifiche aree di mercato e/o che possano far ricorso a elevata tecnologia; fare leva su un management specializzato e investire in risorse umane. Rafforzare la capacità di presidiare il mercato rafforzando i network ed espandendo ulteriormente i mercati chiave.

Sviluppare un'elevata capacità tesa all'individuazione di evoluzioni della domanda, e quindi sviluppare una domanda nei mercati emergenti; diversificare i segmenti merceologici, sviluppare un presidio dei *key costumer* offrendo sia processi produttive che servizi a elevato valore aggiunto.

Società 2

Biofarmaceutica. La nascita si ha nel 2002: spin-off generato all'interno della multinazionale Y. Lo scopo è la ricerca e lo sviluppo di farmaci innovativi per la cura delle malattie infiammatorie croniche. Il settore di riferimento è il mercato *biomedico*.

Spin-off: elevate competenze tecniche nello studio e nell'utilizzo di piattaforme tecnologiche. Ricerca e sviluppo su vitamine specifiche e sui ricettori. È un settore a elevato know-how di partenza che richiede anche un'elevata capacità gestionale alla cui base è presente una cultura imprenditoriale.

Modello finanziario: il modello finanziario è un modello specialistico basato sul venture capital, sui finanziamenti pubblici, attraverso la quotazione in Borsa, attraverso accordi con i grandi investitori/concorrenti.

Finanziamento:

1. venture capital;
2. finanziamento pubblico;
3. quotazione in borsa;
4. accordi con Roche e altri players;
5. collaborazioni scientifiche.

Scopo: Brevettare e registrare un prodotto capace di generare liquidità attraverso varie modalità:

- up front payments;
- milestone payments;
- royalties.

Elementi di forza: un elevato know-how tradotto in un efficace piano di business; elevata capacità di gestione del rischio; accesso a piattaforme tecnologiche innovative; ricerca scientifica affidata e personalità di spicco nel mondo scientifico; piano industriale dettagliato; ampia rete di conoscenze che spaziano dalle istituzioni scientifiche ai gruppi di ricerca autonomi; attuazione di politiche di partnership, nomina di un management altamente specializzato a livello scientifico, tecnico, finanziario, business.

Elementi di minaccia: potenzialità solo teoriche e non ancora comprovate che generano il rischio di non poter immettere nuovi prodotti nel mercato: ciò potrebbe comportare il rischio di non riuscire a mantenere collaborazioni e il conseguente rischio di disinvestimento da parte degli investitori, e ancora, cosa molto importante, il rischio di non riuscire a tutelare al meglio la proprietà intellettuale delle scoperte.

Ciò nonostante, la struttura organizzativa e la capacità sia del management che delle risorse umane, legate all'elevato rischio di cui la proprietà societaria ha deciso di farsi carico attraverso lo spin-off aziendale, generano negli investitori una fiducia che, anche se basata su ricerche teoriche, riesce ad affondare le sue radici in un settore del mercato che è al momento di nicchia ma che potrebbe diventare globale e quindi rendere utili molto elevati.

Il settore di riferimento è quello *biomedico*, settore in forte espansione poiché legato all'allungamento della vita.

Piano finanziario: il 90% del capitale utile al finanziamento della rete è capitale di rischio, e solo il 10% è capitale pubblico:

- prima trance di finanziamenti: venture capital = start up;
- seconda trance di finanziamenti: venture capital = studio clinico, fase II;
- terza trance di finanziamenti: venture capital = fase B2B, prodotti biotech;
- quarta trance finanziamenti: venture capital = nuovo studio, fase II + acquisizione brevetti su terapie del dolore.

Totale finanziamento: capitale di rischio + finanziamento pubblico, di cui una parte a fondo perduto e un'altra parte sotto forma di credito agevolato da restituire in dieci anni.

Forme di network: distinguiamo due forme di network:

- collaborazioni scientifiche con università e istituti di ricerca per la verifica di ipotesi sperimentali o approfondimento del profilo farmaceutico: tale collaborazione valorizza il potenziale della ricerca e di conseguenza il potenziale del farmaco come cura delle malattie infiammatorie;

- attività di ricerca con altre compagnie del settore farmaceutico attraverso la stipula di accordi di licenza. Tale forma di collaborazione serve a identificare i partner industriali per completare lo sviluppo del prodotto e avviare la commercializzazione mantenendo i diritti di promozione e vendita; altresì consente di acquisire i diritti di sviluppo e commercializzazione di nuove molecole atte a soddisfare lo scopo; infine valorizza gli asset sia strategici che non strategici.

RIEPILOGO DEL CAPITOLO 3:

- SEGRETO n. 10: Evitare che il contratto di rete sia poco stabile e che anche le risorse a disposizione della rete per perseguire con successo la propria missione non siano instabili e limitate.
- SEGRETO n. 11: Occorre effettuare analisi su diversi livelli, e cioè sia a livello micro che macro economico.
- SEGRETO n. 12: La rete d'impresa può creare valore ma può anche distruggerlo, come conseguenza dell'incertezza del progetto.
- SEGRETO n. 13: È necessario scegliere la forma giuridica della rete: si possono identificare due forme di rete, la rete-società e la rete-contratto.
- SEGRETO n. 14: L'esistenza di una società-veicolo responsabile del finanziamento consente di aumentare la fiducia del finanziatore che si trova a finanziare l'impresa e non singoli investimenti.
- SEGRETO n. 15: È importante scegliere forme giuridiche societarie classiche e quindi determinare una tipizzazione della rete di impresa.
- SEGRETO n. 16: È importante operare un continuo check-up

del sistema azienda (rete congiuntamente alla Banca e al consulente finanziario) valorizzando al meglio le informazioni qualitative e operando una diagnostica costante.

CAPITOLO 4:
Come imparare a conoscere la propria impresa

Porsi le domande giuste

Come va la propria azienda? Quanto vale la propria azienda? Perché vale la propria azienda?

Per creare una collaborazione è necessario passare da una visione soggettiva a un'analisi oggettiva: come verrebbe valutata l'azienda da un esterno? Quanto è ricca l'azienda (qual è il suo patrimonio)? Quanto guadagna (reddito)? Quanta finanza assorbe o produce (flussi di cassa)?

A un'analisi più dettagliata:

- Quanto capitale è investito nel business?
- Gli investimenti sono prevalentemente fissi o circolanti?
- Come sono coperti finanziariamente gli investimenti?
- Il rapporto tra finanza propria e delle banche è equilibrato?
- Il capitale investito rende in modo adeguato?

- Quanto è il ritorno sul capitale dei proprietari/soci?
- Il flusso di cassa che produce la gestione è sufficiente a sostenere l'indebitamento?

E considerando un pool di aziende interessate alla collaborazione:

- Quanto sono differenti in termini economici e finanziari?
- Quali effetti economici e finanziari potrebbe avere l'aggregazione?

Raggruppando le informazioni e analizzandole nella "logica collaborativa", occorre individuare la possibilità di focalizzare le possibili sinergie. A questo punto è possibile pianificare gli obiettivi strategici e definire le modalità di misurazione attraverso il *business plan* della rete.

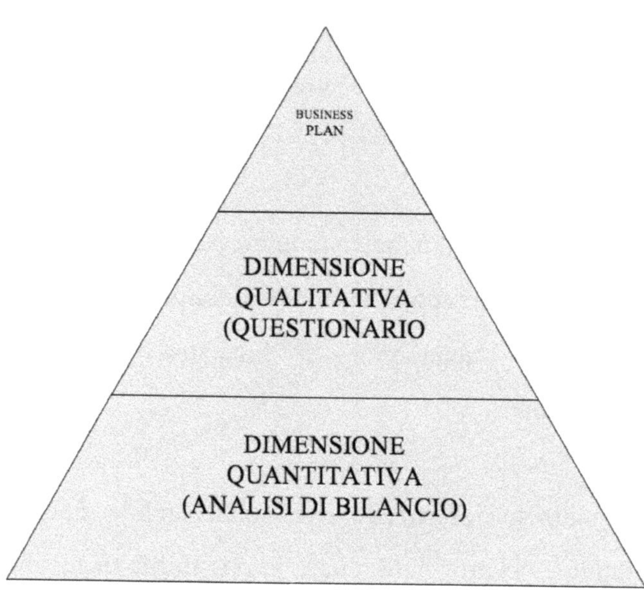

SEGRETO n. 17: è importante porsi delle domande e fare in modo che siano quelle giuste, che cioè consentano di effettuare un'analisi dell'azienda e di verificare la fattibilità del progetto, indicando dove e come agire.

Analizzare punti di forza e di debolezza

- *Individuazione del potenziale di rete*: individuazione di potenziali network, classificazione e qualificazione del potenziale network secondo la tipologia più adeguata, inquadramento del contesto di riferimento del network.

- *Analisi della potenziale rete*: studio del progetto, analisi dei rischi, della fattibilità ecc.
- *Progettazione della rete*: definizione della governance più opportuna, realizzazione del gruppo di management, individuazione partner, creazione flussi informativi e contatti con istituzioni, enti di ricerca ecc.
- *Business della rete*: definizione, predisposizione e presentazione agli attori opportuni.
- *Realizzazione della rete*: costituzione legale e inquadramento giuridico, forme di finanziamento, patrimonializzazione, contratto di rete.
- *Coordinamento e gestione della rete*: modelli e metodi di coordinamento e gestione.

SEGRETO n. 18: occorre analizzare i punti di forza e di debolezza cioè: individuazione, classificazione, qualificazione e inquadramento del potenziale network. Occorre studiare il progetto, l'analisi dei rischi e della fattibilità e definire la forma di governo più opportuna.

Affrontare la sfida del futuro

La sfida principale è gestire la transizione verso un'economia basata sulla conoscenza; se avrà successo, si porrà in essere un'economia competitiva e dinamica. Per la futura prosperità sarà dunque essenziale essere capaci di approfittare del potenziale di crescita e di innovazione delle piccole e medie imprese (PMI).

In un contesto che cambia a livello globale, segnato da continui mutamenti strutturali e da pressioni competitive sempre maggiori, l'importanza delle PMI nella nostra società, in quanto creatrici di posti di lavoro e protagoniste nella corsa al benessere delle comunità locali e regionali, è ulteriormente aumentata.

Le PMI dinamiche daranno il vigore per resistere alle incertezze che genera l'odierno mondo globalizzato. Dal 2005, l'UE ha perciò saldato le esigenze di PMI alla strategia di Lisbona per la crescita e l'occupazione, soprattutto attraverso l'approccio fondato sul partenariato che ha già dato risultati tangibili.

Ora è venuto il momento di porre risolutamente le esigenze delle PMI al primo posto della politica comunitaria e di tradurre in realtà la visione dei capi di Stato e di governo dell'UE, ossia fare di quest'ultima un ambiente d'eccellenza a livello mondiale per le PMI.

A livello nazionale e regionale, i modelli di funzionamento delle PMI variano molto, così come la natura stessa di queste imprese (comprendenti artigiani, microimprese, imprese familiari, dell'economia sociale): una politica che miri ad affrontare le necessità delle PMI deve dunque saper riconoscere questa diversità e rispettare fino in fondo il principio di sussidiarietà.

Gli Stati membri, ispirandosi a pratiche esemplari scambiate nell'ambito della Carta Europea delle piccole imprese firmata a Feira nel 2000 e attuando le conclusioni del Consiglio europeo della primavera 2006 (introduzione di sportelli unici per registrare le imprese, riduzione di tempi e costi per avviare un'impresa), hanno notevolmente migliorato il contesto normativo delle PMI. Per le PMI è inoltre decisiva la strategia UE tesa a legiferare meglio; l'aggiornamento e la semplificazione della vigente legislazione nonché l'ambizioso programma di ridurre del 25% entro il 2012 gli oneri amministrativi, saranno di notevole beneficio per le PMI.

Nonostante questi passi avanti incoraggianti, l'UE deve adottare ulteriori più ampie misure per liberare tutte le potenzialità delle PMI; in generale, le PMI europee soffrono tuttora di una produttività inferiore e di uno sviluppo più lento rispetto alle loro omologhe negli USA, dove le aziende che sopravvivono aumentano in media l'occupazione del 60% entro il settimo anno di vita, mentre il dato corrispondente – in Europa – si aggira intorno al 10-20%.

Le PMI devono poi affrontare carenze del mercato in settori come il credito (soprattutto, capitali di rischio), la ricerca, l'innovazione e l'ambiente, che insidiano le condizioni in cui esse operano e competono con le rivali. Per le PMI, ad esempio, l'accesso al credito è problematico e, per le microimprese, in molti Stati membri la percentuale è ancora più alta. Inoltre, esistono meno PMI europee che innovano con successo rispetto alle grandi imprese. La situazione, caratterizzata da rigidità nei mercati nazionali del lavoro, viene ulteriormente peggiorata da difficoltà strutturali come carenze gestionali e di capacità tecniche.

Il ruolo delle PMI nell'economia europea è stato ripetutamente riconosciuto ai più alti livelli politici. Il Consiglio europeo del marzo 2008 ha espresso un sostegno senza riserve all'iniziativa per rafforzare ulteriormente la crescita e la competitività sostenibili delle PMI, denominata *Small Business Act* (SBA) per l'Europa e ne ha richiesto la rapida adozione.

Anche il riesame del mercato unico sottolinea la necessità di ulteriori iniziative per adeguare il mercato unico alle esigenze delle PMI odierne e ottenere risultati migliori e maggiori vantaggi.

Infine, l'audizione pubblica e la consultazione on-line che hanno preparato lo SBA hanno confermato la necessità di una vasta iniziativa politica per sprigionare l'intero potenziale delle PMI europee e questo è il motivo che spinge la Comunità Europea a dare un impulso decisivo alla presentazione di uno *Small Business Act* (SBA). Al centro dell'SBA per l'Europa c'è la convinzione che un contesto veramente favorevole alle PMI dipenda innanzitutto dal riconoscimento degli imprenditori da parte della società.

Il clima generale nella società deve condurre i singoli a considerare attraente la possibilità di avviare una propria impresa e a riconoscere che le PMI danno un contributo sostanziale alla crescita dell'occupazione e alla prosperità economica. In quanto contributi essenziali a un contesto favorevole alle PMI, la percezione nell'UE del ruolo degli imprenditori e la disponibilità ad assumersi rischi, devono dunque cambiare: lo spirito imprenditoriale e la volontà di assumere rischi ad esso associata, vanno applauditi dai responsabili politici e dai media e sostenuti dalle amministrazioni.

Lo Small Business Act mira perciò a migliorare l'approccio politico globale allo spirito imprenditoriale e a promuovere la crescita delle PMI aiutandole ad affrontare i problemi che continuano a ostacolarne lo sviluppo. A partire dai risultati politici della Commissione e degli Stati membri, lo SBA crea un nuovo contesto politico che inquadra gli attuali strumenti della politica d'impresa e si fonda in particolare sulla Carta europea per le piccole imprese e la politica moderna a favore delle PMI. Per cogliere questi ambiziosi obiettivi, la Commissione propone un'autentica cooperazione tra l'UE e gli Stati membri, nel rispetto dei principi di sussidiarietà e di proporzionalità.

Il nome simbolico di "Act" dato all'iniziativa, sottolinea la volontà di riconoscere il ruolo centrale delle PMI nell'economia europea e, per la prima volta, di attivare un quadro politico articolato a livello UE e di singolo Stato membro, grazie a una serie di principi per guidare la formulazione e l'attuazione delle politiche sia a livello dell'UE che degli Stati membri.

Ricorda: il potenziale imprenditoriale va sfruttato al meglio!
Infine, lo SBA va visto anche come stimolo per gli imprenditori stessi a costruire un miglior ambiente per le imprese stringendo le reti di cooperazione, sfruttando l'intero potenziale delle PMI, soprattutto se familiari, come importante terreno di formazione imprenditoriale e agendo in modo socialmente responsabile.

La UE e gli Stati membri devono aiutare le PMI a beneficiare delle opportunità offerte dal mercato unico, soprattutto migliorando la governance e l'informazione sulle politiche del mercato unico, permettendo che gli interessi delle PMI siano meglio rappresentati in sede di elaborazione delle norme e facilitando l'accesso delle PMI ai brevetti e ai modelli depositati.

Il mercato unico è stato concepito per consentire alle imprese di accedere a un ampio mercato comune di oltre 500 milioni di consumatori, funzionante con regole comuni. La semplificazione, che ha fatto sostituire ventisette serie di norme nazionali diverse con una serie di norme per il mercato interno dell'UE, è particolarmente vantaggiosa per le PMI.

Un mercato unico effettivamente funzionante è un ambito competitivo in grado di dare alle PMI la capacità di trarre vantaggio dalla globalizzazione e di aprire nuove opportunità alla conoscenza e all'innovazione.

Oggi, tuttavia, le PMI non possono approfittare di tutte le possibilità fornite dal mercato unico, soprattutto perché mancano informazioni sulle opportunità commerciali e sulle regole vigenti in altri Stati membri e perché le competenze linguistiche sono insufficienti. I costi e i rischi legati all'osservanza di numerosi sistemi legislativi nazionali impediscono spesso alle aziende di ampliare le loro attività all'estero.

Anche le PMI possono beneficiare di aiuti pubblici sotto forma di consulenze, o di reti di collegamento, e di assistenza per difendersi contro le pratiche commerciali sleali. In particolare, la rete Enterprise Europe Network, recentemente lanciata dalla Commissione può, tra l'altro, assistere le PMI con informazioni e consulenze riguardo alle opportunità offerte dal mercato unico. Inoltre, le PMI devono poter partecipare all'elaborazione delle norme e potervi accedere in misura adeguata, il che comprende anche la certificazione.

SEGRETO n. 19: bisogna affrontare la sfida del futuro e gestire la transizione verso un'economia basata sulla conoscenza. Se avrà successo, si porrà in essere un'economia competitiva e dinamica.

RIEPILOGO DEL CAPITOLO 4:

- SEGRETO n. 17: È importante porsi delle domande e fare in modo che siano quelle giuste, che cioè consentano di effettuare un'analisi dell'azienda e di verificare la fattibilità del progetto, indicando dove e come agire.
- SEGRETO n. 18: Occorre analizzare i punti di forza e di debolezza cioè: individuazione, classificazione, qualificazione e inquadramento del potenziale network. Occorre studiare il progetto, l'analisi dei rischi e della fattibilità e definire la forma di governo più opportuna.
- SEGRETO n. 19: Bisogna affrontare la sfida del futuro e gestire la transizione verso un'economia basata sulla conoscenza. Se avrà successo, si porrà in essere un'economia competitiva e dinamica.

CAPITOLO 5:

Come interpretare la normativa

La normativa comunitaria e italiana

Viene introdotta la Legge 9 Aprile 2009 n. 33, modificata successivamente con la Legge 30 Luglio 2010 n. 122: si tratta della conversione in legge, con modificazioni, del d.lgs. 31 maggio 2010, n. 78, recante misure urgenti in materia di stabilizzazione finanziaria e di competitività economica. Le modifiche qui riportate hanno vigore dal giorno successivo alla data di pubblicazione, quindi dal 31 Luglio 2010.

L'articolo che concerne le Reti di Imprese è l'art 42: «Alle imprese appartenenti a una delle reti di imprese riconosciute competono vantaggi fiscali, amministrativi e finanziari, nonché la possibilità di stipulare convenzioni con l'A.B.I.».

Dopo il comma 2 sono quindi aggiunti i commi 2-*bis* e 2-*tris* che riscrivono rispettivamente i commi 4-*ter* e 4-*quater* dell'articolo 3 del decreto-legge 10 febbraio 2009, n. 5, convertito dalla legge del 9 aprile 2009, n. 33.

2-*bis*. Il comma 4-*ter* dell'articolo 3 del decreto-legge 10 febbraio 2009, n. 5, convertito dalla legge 9 aprile 2009, n. 33, è sostituito dal seguente:

«Con il contratto di rete più imprenditori perseguono lo scopo di accrescere, individualmente e collettivamente, la propria capacità innovativa e la propria competitività sul mercato e a tal fine si obbligano, sulla base di un programma comune di rete, a collaborare in forme e in ambiti predeterminati attinenti all'esercizio delle proprie imprese ovvero a scambiarsi informazioni o prestazioni di natura industriale, commerciale, tecnica o tecnologica ovvero ancora a esercitare in comune una o più attività rientranti nell'oggetto della propria impresa. Il contratto può anche prevedere l'istituzione di un fondo patrimoniale comune e la nomina di un organo comune incaricato di gestire, in nome e per conto dei partecipanti, l'esecuzione del contratto o di singole parti o fasi dello stesso. Ai fini degli adempimenti pubblicitari di cui al comma 4-*quater*, il contratto deve essere redatto per atto pubblico o per scrittura privata autenticata e deve indicare:

- il nome, la ditta, la ragione o la denominazione sociale di ogni partecipante per originaria sottoscrizione del contratto o per adesione successiva;
- l'indicazione degli obiettivi strategici di innovazione e di innalzamento della capacità competitiva dei partecipanti e le modalità concordate tra gli stessi per misurare l'avanzamento verso tali obiettivi;
- la definizione di un programma di rete, che contenga l'enunciazione dei diritti e degli obblighi assunti da ciascun partecipante, le modalità di realizzazione dello scopo comune e, qualora sia prevista l'istituzione di un fondo patrimoniale comune, la misura e i criteri di valutazione dei conferimenti iniziali e degli eventuali contributi successivi che ciascun partecipante si obbliga a versare al fondo nonché le regole di gestione del fondo medesimo; se consentito dal programma, l'esecuzione del conferimento può avvenire anche mediante apporto di un patrimonio destinato costituito ai sensi dell'articolo 2447-*bis*, primo comma, lettera a), del codice civile. Al fondo patrimoniale comune costituito ai sensi della

presente lettera si applicano, in quanto compatibili, le disposizioni di cui agli articoli 2614 e 2615 del codice civile;

- la durata del contratto, le modalità di adesione di altri imprenditori e, se pattuite, le cause facoltative di recesso anticipato e le condizioni per l'esercizio del relativo diritto, ferma restando in ogni caso l'applicazione delle regole generali di legge in materia di scioglimento totale o parziale dei contratti plurilaterali con comunione di scopo;
- se il contratto ne prevede l'istituzione, il nome, la ditta, la ragione o la denominazione sociale del soggetto prescelto per svolgere l'ufficio di organo comune per l'esecuzione del contratto o di una o più parti o fasi di esso, i poteri di gestione e di rappresentanza conferiti a tale soggetto come mandatario comune nonché le regole relative alla sua eventuale sostituzione durante la vigenza del contratto. Salvo che sia diversamente disposto nel contratto, l'organo comune agisce in rappresentanza degli imprenditori, anche individuali, partecipanti al contratto, nelle procedure di programmazione negoziata con le pubbliche amministrazioni, nelle procedure inerenti a interventi di garanzia per l'accesso al credito e in quelle inerenti lo sviluppo del sistema imprenditoriale nei

processi di internazionalizzazione e di innovazione previsti dall'ordinamento nonché all'utilizzo di strumenti di promozione e tutela dei prodotti e marchi di qualità o di cui sia adeguatamente garantita la genuinità della provenienza;

- le regole per l'assunzione delle decisioni dei partecipanti su ogni materia o aspetto di interesse comune che non rientri, quando è stato istituito un organo comune, nei poteri di gestione conferiti a tale organo, nonché, se il contratto prevede la modificabilità a maggioranza del programma di rete, le regole relative alle modalità di assunzione delle decisioni di modifica del programma medesimo».

2-*ter*. Il comma 4-*quater* dell'articolo 3 del d.lgs. 10 febbraio 2009, n. 5, convertito dalla legge 9 aprile 2009, n. 33, e sostituito dal seguente:

«Il contratto di rete è soggetto a iscrizione nella sezione del registro delle imprese presso cui è iscritto ciascun partecipante e l'efficacia del contratto inizia a decorrere da quando è stata eseguita l'ultima delle iscrizioni prescritte a carico di tutti coloro che ne sono stati sottoscrittori originari».

Vengono infine aggiunti i seguenti commi che caratterizzano la parte fiscale del Contratto di Rete.

2-*quater*: «Fino al periodo d'imposta in corso al 31 dicembre 2012, una quota degli utili dell'esercizio destinati dalle imprese che sottoscrivono o aderiscono a un contratto di rete ai sensi dell'articolo 3, commi 4-*ter* e seguenti, del decreto-legge 10 febbraio 2009, n. 5, convertito dalla legge 9 aprile 2009, n. 33, e successive modifiche, al fondo patrimoniale comune o al patrimonio destinato all'affare per realizzare entro l'esercizio successivo gli investimenti previsti dal programma comune di rete, preventivamente asseverato da organismi espressione dell'associazionismo imprenditoriale muniti dei requisiti previsti con decreto del Ministro dell'economia e delle finanze, ovvero, in via sussidiaria, da organismi pubblici individuati con il medesimo decreto, se accantonati ad apposita riserva, concorrono alla formazione del reddito nell'esercizio in cui la riserva è utilizzata per scopi diversi dalla copertura di perdite di esercizio ovvero in cui viene meno l'adesione al contratto di rete. L'asseverazione è rilasciata previo riscontro della sussistenza nel caso specifico degli elementi propri del contratto di rete e dei relativi requisiti di partecipazione in capo alle imprese che lo hanno sottoscritto. L'Agenzia delle entrate, avvalendosi dei poteri di cui al titolo IV del decreto del Presidente della Repubblica 29 settembre 1973, n. 600, vigila sui contratti di rete e sulla realizzazione degli investimenti che hanno dato accesso all'agevolazione, revocando i benefici indebitamente fruiti. L'importo che non concorre alla formazione del reddito d'impresa non può, comunque, superare il limite di euro 1.000.000. Gli utili destinati al fondo patrimoniale comune o al patrimonio destinato all'affare trovano espressione in bilancio in una corrispondente riserva, di cui viene data informazione in nota integrativa e sono vincolati alla realizzazione degli investimenti previsti dal programma comune di rete».

2-*quinquies*: «L'agevolazione di cui al comma 2-*quater* può essere fruita, nel limite complessivo di 20 milioni di euro per l'anno 2011 e di 14 milioni di euro per ciascuno degli anni 2012 e 2013, esclusivamente in sede di versamento del saldo delle imposte sui redditi dovute per il periodo di imposta relativo all'esercizio cui si riferiscono gli utili destinati al fondo patrimoniale comune o al patrimonio destinato all'affare; per il periodo di imposta successivo l'acconto delle imposte dirette È calcolato assumendo come imposta del periodo precedente quella che si sarebbe applicata in assenza delle disposizioni di cui al comma 2-*quater*. All'onere derivante dal presente comma si provvede quanto a 2 milioni di euro per l'anno 2011 mediante utilizzo di quota delle maggiori entrate derivanti dall'articolo 32, quanto a 18 milioni di euro per l'anno 2011 e a 14 milioni di euro per l'anno 2013 mediante utilizzo di quota delle maggiori entrate derivanti dall'articolo 38, commi 13-*bis* e seguenti e quanto a 14 milioni di euro per l'anno 2012 mediante corrispondente riduzione del Fondo di cui all'articolo 10, comma 5, del decreto-legge 29 novembre 2004, n. 282, convertito, dalla legge 27 dicembre 2004, n. 307».

2-*sexies*: «Con provvedimento del direttore dell'Agenzia delle entrate, da adottare entro novanta giorni dalla data di entrata in vigore della legge di conversione del presente decreto, sono stabiliti criteri e modalità di attuazione dell'agevolazione di cui al comma 2-*quater*, anche al fine di assicurare il rispetto del limite complessivo previsto dal comma 2-*quinquies*».

2-*septies*: «L'agevolazione di cui al comma 2-*quater* è subordinata all'autorizzazione della Commissione Europea, con le procedure previste dall'articolo 108, paragrafo 3, del Trattato sul funzionamento dell'Unione Europea».

Viene introdotta una detassazione "temporanea" (fino al 31.12.2012) degli utili che l'imprenditore destina agli investimenti previsti da un programma inserito in un contratto di rete stipulato con altre aziende del settore.

L'importo che non concorre alla formazione del reddito d'impresa non può superare il limite di 1 milione di euro per ogni impresa, fermo restando il limite complessivo previsto per ciascun anno (20 milioni per il 2011, 14 milioni per ciascuno degli anni 2012 e 2013).

In particolare, per fruire dell'agevolazione fiscale il contratto di rete deve istituire un fondo patrimoniale comune cui destinare le quote di utili; in alternativa, il conferimento può essere effettuato in un patrimonio destinato ex art. 2447-*bis* c.c.

Il legislatore introduce qui una serie di vincoli e di restrizioni che a mio parere inficiano tutta la normativa:

- preventivamente asseverato da organismi espressione dell'associazionismo imprenditoriale muniti dei requisiti previsti con decreto del Ministro dell'economia e delle finanze, ovvero, in via sussidiaria, da organismi pubblici individuati con il medesimo decreto;
- l'asseverazione è rilasciata previo riscontro della sussistenza nel caso specifico degli elementi propri del contratto di rete e dei relativi requisiti di partecipazione in capo alle imprese che lo hanno sottoscritto;
- l'importo che non concorre alla formazione del reddito d'impresa non può, comunque, superare il limite di euro 1.000.000;
- gli utili destinati al fondo patrimoniale comune o al patrimonio destinato all'affare sono vincolati alla realizzazione degli investimenti previsti dal programma comune di rete;
- l'agevolazione di cui al comma 2-*quater* può essere fruita, nel limite complessivo di 20 milioni di euro per l'anno 2011 e di 14 milioni di euro per ciascuno degli anni 2012 e 2013, esclusivamente in sede di versamento del saldo delle imposte;

- con provvedimento del direttore dell'Agenzia delle entrate, da adottare entro novanta giorni dalla data di entrata in vigore della legge di conversione del presente decreto;
- l'agevolazione di cui al comma 2-*quater* è subordinata all'autorizzazione della Commissione europea.

Le attività finanziabili risultano essere:

- investimenti per l'innovazione commerciale: appartengono a tale categoria gli interventi finalizzati all'apertura di nuovi canali commerciali per via telematica (ebusiness, marketing intelligence, customer care);
- investimenti per l'innovazione di processo e gestione strategica: appartengono a tale categoria gli interventi di innovazione dei processi produttivi, dei sistemi di gestione strategica aziendale e inter-aziendale;
- investimenti per l'innovazione organizzativa: appartengono a tale categoria gli interventi finalizzati al miglioramento dell'organizzazione aziendale e allo sviluppo relazionale delle reti;
- investimenti per la transizione alla tecnologia digitale: sostegno alla transizione al digitale dal parte delle PMI

operanti nel settore radio-televisivo, al fine di potenziare lo sviluppo di nuovi contenuti e servizi su reti digitali.

Dunque, le spese ammissibili risultano essere:

- macchinari, hardware, strumenti e attrezzature (di cui costi accessori fino al 10% della stessa voce di costo);
- software, brevetti e diritti di licenza (fino al 10% dei costi totali ammissibili);
- spese impiantistiche per realizzazione rete telematica/informatica;
- consulenze esterne specialistiche (fino al 20% dei costi totali ammissibili);
- progettazione e collaudi/verifiche di conformità (fino all'8% dei costi totali ammissibili);
- costi sostenuti per la presentazione di una garanzia fornita da banche o altri istituti finanziari;
- spese generali (fino al 10% dei costi totali ammissibili).

Le disposizioni amministrative

Le imprese aderenti possono intrattenere rapporti con le pubbliche amministrazioni e con gli enti pubblici, anche economici, ovvero dare avvio presso gli stessi a procedimenti amministrativi per il tramite del distretto (di seguito rete) di cui esse fanno parte. In tal caso le istanze, ovvero qualunque altro atto idoneo ad avviare ed eseguire il rapporto ovvero il procedimento amministrativo, qualora espressamente formati dalle reti nell'interesse delle imprese aderenti si intendono senz'altro riferiti, quanto agli effetti, alle medesime imprese.

Qualora la rete dichiari altresì di avere verificato, nei riguardi delle imprese aderenti, la sussistenza dei presupposti ovvero dei requisiti, anche di legittimazione, necessari per l'avvio del procedimento amministrativo e per la partecipazione allo stesso, nonché per la sua conclusione con atto formale 10, ovvero con effetto finale favorevole alle imprese aderenti, le pubbliche amministrazioni e gli enti pubblici provvedono senza altro accertamento nei riguardi delle imprese aderenti.

Nell'esercizio di tali attività, le reti comunicano anche in modalità telematica con le pubbliche amministrazioni e gli enti pubblici che accettano di comunicare a tutti gli effetti con tale modalità. Le reti possono accedere, sulla base di apposita convenzione, alle banche dati formate e detenute dalle pubbliche amministrazioni e dagli enti pubblici.

Al fine di facilitare l'accesso ai contributi erogati a qualunque titolo sulla base di leggi regionali, nazionali o di disposizioni comunitarie, le imprese che aderiscono alle reti possono presentare le relative istanze e avviare i relativi procedimenti amministrativi, anche mediante un unico procedimento collettivo, per il tramite delle reti medesime. Queste ultime forniscono consulenza e assistenza alle imprese partecipanti e possono, qualora le imprese siano in possesso dei requisiti per l'accesso ai citati contributi, certificarne il diritto.

Le reti possono altresì provvedere, ove necessario, a stipulare apposite convenzioni, anche di tipo collettivo con gli istituti di credito e intermediari finanziari iscritti nell'elenco di cui all'articolo 106 del TUB, volte alla prestazione della garanzia per l'ammontare della quota dei contributi soggetti a rimborso.

Le reti hanno la facoltà di stipulare, per conto delle imprese, negozi di diritto privato secondo le norme in materia di mandato di cui agli articoli 1703 e seguenti del codice civile.

Le disposizioni finanziarie

Al fine di favorire il finanziamento delle reti e delle relative imprese, con regolamento del Ministro dell'Economia e delle Finanze, sentiti il Ministro delle Attività Produttive e la CONSOB, sono individuate le semplificazioni, con le relative condizioni, alle disposizioni della legge 130/99, applicabili alle operazioni di cartolarizzazione aventi a oggetto crediti concessi da una pluralità di banche o intermediari finanziari alle imprese facenti parte della rete e ceduti a un'unica società cessionaria. Con il regolamento vengono individuate le condizioni e le garanzie a favore dei soggetti cedenti i crediti, in presenza delle quali tutto o parte del ricavato dell'emissione dei titoli possa essere destinato al finanziamento delle iniziative delle reti e delle relative imprese beneficiarie dei crediti oggetto di cessione.

Le disposizioni di cui all'articolo 7-*bis* della legge 130/99 (obbligazioni bancarie garantite), si applicano anche ai crediti delle banche nei confronti delle imprese facenti parte delle reti, alle condizioni stabilite con il regolamento di cui al numero 1.

Le banche e gli altri intermediari che hanno concesso crediti alle reti o alle imprese facenti parte delle reti e che non procedono alla relativa cartolarizzazione o alle altre operazioni di cui alla legge 130/99, possono, in aggiunta agli accantonamenti previsti dalle norme vigenti, effettuare accantonamenti alle condizioni stabilite con il regolamento.

Al fine di favorire l'accesso al credito e il finanziamento delle reti e delle imprese che ne fanno parte, con particolare riferimento ai progetti di sviluppo e innovazione, il Ministro dell'economia e delle finanze adotta o propone le misure occorrenti per:

- assicurare il riconoscimento della garanzia prestata dai confidi quale strumento di attenuazione del rischio di credito ai fini del calcolo dei requisiti patrimoniali degli enti creditizi, in vista del recepimento del Nuovo accordo di Basilea;
- favorire il rafforzamento patrimoniale dei confidi e la loro operatività; anche a tal fine i fondi di garanzia interconsortile di cui alla legge 326/2003, possono essere destinati anche alla prestazione di servizi ai confidi soci ai fini dell'iscrizione nell'elenco speciale di cui all'articolo 107 del TUB;
- agevolare la costituzione di idonee agenzie esterne di valutazione del merito di credito delle reti e delle imprese che ne fanno parte, ai fini del calcolo dei requisiti patrimoniali delle banche nell'ambito del metodo standardizzato di calcolo dei requisiti patrimoniali degli enti creditizi, in vista del recepimento del Nuovo accordo di Basilea;
- favorire la costituzione, da parte delle reti, con apporti di soggetti pubblici e privati, di fondi di investimento in capitale di rischio delle imprese che fanno parte della rete.

Sarà importante verificare l'aspetto relativo alla capacità dell'organo comune di agire in rappresentanza delle imprese aderenti nelle procedure inerenti a interventi di garanzia per l'accesso al credito.

La previsione non è particolarmente chiara perché non si comprende se la rete sostituirà gli organi amministrativi delle imprese nei rapporti con le banche o con i confidi, quali saranno i profili di responsabilità, se il fondo patrimoniale comune svolgerà una funzione a tale riguardo. Probabilmente, vale la pena verificare se il sistema dei confidi può essere coinvolto direttamente attraverso, ad esempio, la possibilità da parte della rete di svolgere funzioni di garanzia solo se assistita da un confidi che entri a far parte della rete stessa.

Per ciò che riguarda le disposizioni dedicate alla ricerca e lo sviluppo:

- al fine di accrescere la capacità competitiva delle piccole e medie imprese e delle reti, attraverso la diffusione di nuove tecnologie e delle relative applicazioni industriali, è costituita l'Agenzia per la diffusione delle tecnologie per l'innovazione, di seguito denominata «Agenzia»;

- l'Agenzia promuove l'integrazione fra il sistema della ricerca e il sistema produttivo attraverso l'individuazione, valorizzazione e diffusione di nuove conoscenze, tecnologie, brevetti e applicazioni industriali prodotti su scala nazionale e internazionale;
- l'Agenzia stipula convenzioni e contratti con soggetti pubblici e privati che ne condividono le finalità;
- l'Agenzia è soggetta alla vigilanza della Presidenza del Consiglio dei Ministri che, con propri decreti di natura non regolamentare, sentiti il Ministero dell'istruzione, dell'università e della ricerca, il Ministero dell'economia e delle finanze, il Ministero delle attività produttive, nonché il Ministro per lo sviluppo e la coesione territoriale e il Ministro per l'innovazione e le tecnologie, se nominati, definisce criteri e modalità per lo svolgimento delle attività istituzionali. Lo statuto dell'Agenzia è soggetto all'approvazione della Presidenza del Consiglio dei Ministri.

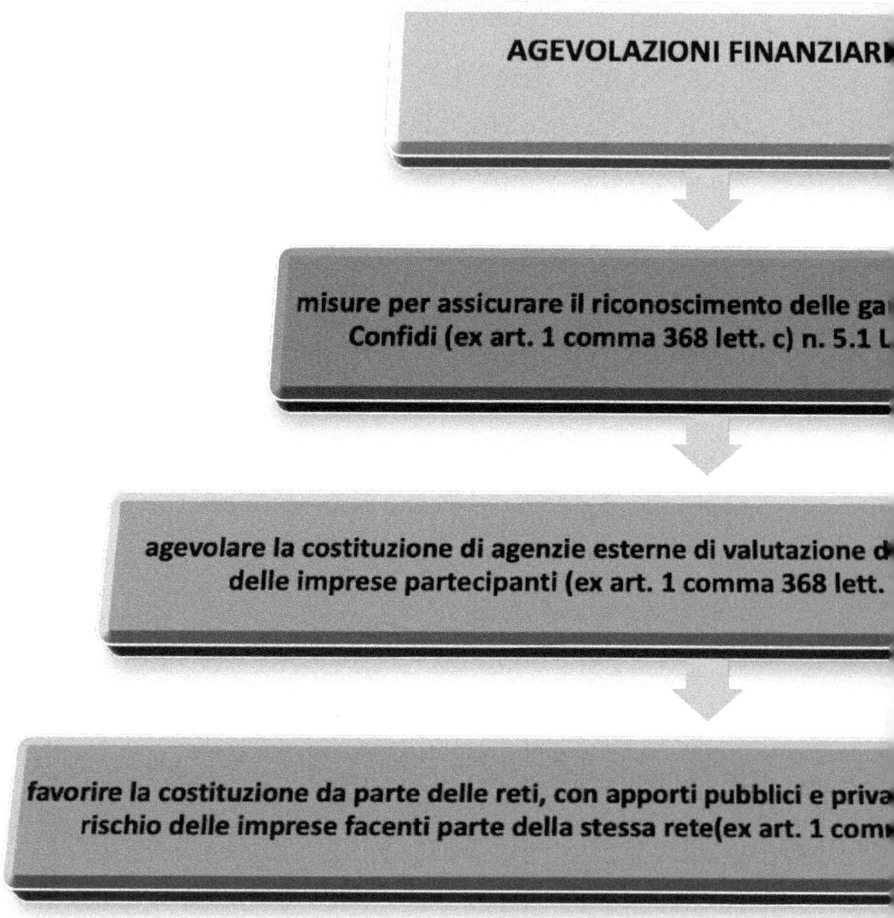

AGEVOLAZIONI FINANZIAR

misure per assicurare il riconoscimento delle ga
Confidi (ex art. 1 comma 368 lett. c) n. 5.1 L

agevolare la costituzione di agenzie esterne di valutazione d
delle imprese partecipanti (ex art. 1 comma 368 lett.

favorire la costituzione da parte delle reti, con apporti pubblici e priva
rischio delle imprese facenti parte della stessa rete(ex art. 1 com

Conclusione

Le imprese che fanno rete ottengono numerosi vantaggi:

- si specializzano nel loro core business migliorando la qualità dei prodotti;
- ridimensionano il fabbisogno finanziario relativo agli investimenti.

Riducono l'indebitamento, frazionano i rischi degli investimenti, riducono il rischio operativo, favorendo la focalizzazione sulle competenze distintive, permettendo una forte spinta alla specializzazione produttiva.

Da un punto di vista organizzativo, l'affidamento di interi, o parte di, processi a partner specializzati permette, da un lato, di liberare risorse tecniche, umane e finanziarie da impiegare in attività che possono contribuire a potenziare le competenze, dall'altro lato, di recuperare efficienza nei processi meno critici per la gestione, sullo sviluppo dei quali l'azienda non può o non intende investire. In tal modo si raggiunge non solo il vantaggio competitivo dei singoli partner ma anche quello di tutta la rete, nella misura in cui gli operatori siano legati reciprocamente da intensi rapporti di partnership. Inoltre, quanto più il processo produttivo affidato ai partner è specialistico tanto maggiori saranno gli effetti delle economie di apprendimento in termini di riduzione di sprechi, difetti e tempi di lavorazione.

Tutto ciò permette la riduzione dei costi e il ridimensionamento del fabbisogno finanziario: le economie di scala, che permettono la diminuzione dei costi medi unitari in corrispondenza di aumenti della capacità produttiva, sono ottenute dai singoli partner che, in virtù della loro specializzazione, realizzano una maggiore capacità produttiva.

La stessa specializzazione comporta il conseguimento di economie di apprendimento, vantaggi di costo che è possibile ottenere per effetto dell'accumulo di esperienza. Ulteriori vantaggi di costo possono essere conseguiti grazie all'innovazione di processo che i partner dovrebbero perseguire mediante l'applicazione ed eventualmente, la sperimentazione di nuovi metodi di produzione. L'incremento di valore per la riduzione del rischio operativo permette all'azienda leader di attrarre capitali a condizioni più vantaggiose che, a loro volta, saranno investiti nelle attività legate al core business per rafforzare ulteriormente il suo vantaggio competitivo.

Il ricorso a collaborazioni esterne, quando determina la condivisione di investimenti, produce un impatto anche sul fabbisogno finanziario delle imprese, sia per la componente del capitale circolante sia per quella fissa. Per quanto riguarda il capitale circolante, poiché il fabbisogno di quest'ultimo è determinato soprattutto dallo sfasamento temporale tra ciclo economico-tecnico e ciclo finanziario, l'eliminazione dal ciclo produttivo di alcuni processi contribuisce a ridurre gli intervalli che separano i tempi di pagamento da quelli di incasso e conseguentemente il ricorso a fonti di copertura.

In definitiva, il coordinamento della specializzazione delle imprese nodali determina per l'impresa guida un impatto positivo:

- sui costi di produzione e, quindi, sul potenziale innalzamento di efficienza;
- sulla struttura dei costi più elastica e, quindi, sul minore rischio operativo;

- sul ridimensionamento del fabbisogno finanziario e, quindi sugli oneri derivanti dall'indebitamento.

Si produce di fatto un incremento di valore e in conseguenza un vantaggio rispetto ai concorrenti. La rete d'impresa, rappresenta una grande opportunità per l'imprenditoria italiana, in particolar modo per la piccola e media impresa. La rete d'impresa rappresenta la naturale evoluzione, all'interno di un'ottica di dinamicità ed elasticità, del distretto industriale. Essa racchiude in sé i vantaggi di quasi tutte le figure giuridiche ed economiche di aggregazione imprenditoriale, dalle *joint venture*, ai consorzi, alle ATI.

Rappresenta un sistema basato su legami stabili tra imprenditori, affidabili e sostenibili, rimanendo al tempo stesso rispettoso delle differenze e delle autonomie delle parti. La rete permette di affrontare un elevato grado di varietà, variabilità, indeterminatezza, perché lascia grande spazio all'autonomia dei singoli, permettendogli al contempo una cogestione dell'orientamento strategico e offrendo indiscussi vantaggi su scala, che spaziano dalla specializzazione in competenza molto focalizzate, all'accesso alla conoscenza altrui, alla realizzazione di circuiti di condivisione protetti, all'estensione dei bacini di utenza, all'aumento dei rendimenti.

Tutto ciò si trasforma in maggior capacità produttiva sul mercato, maggior capacità di aggressione del mercato nazionale e internazionale, maggior potere contrattuale con fornitori e stakeholders in generale, in particolar modo con le banche.

Ricorda, solo con determinazione, costanza e studio e aggiornamento continuo, unito all'applicazione precisa delle regole si potranno ottenere i risultati sperati e programmati!

Facsimile Contratto di Rete

Repubblica Italiana

Data_________________________

Luogo_______________, studio del Notaio______________________

Avanti a me Dott. ______, Notaio in ______, iscritto presso il locale Collegio Notarile,

sono presenti i signori:

- Tizio, che interviene nel presente atto in qualità di Amministratore unico e rappresentante legale, della società ELETTRICITÀ S.R.L. con sede in _____________, Via__________________; iscritto nel Registro delle Imprese di ____________, capitale Euro_________________, interamente versato numero di iscrizione_______________, codice fiscale_____________ , R.E.A___________; partita I.V.A.___________________;

- Caio e Sempronio, i quali intervengono al presente atto in qualità di unici soci, amministratori e legali rappresentanti della società:

ALFA SRL, con sede in __________, Via__________________, iscritta nel Registro delle Imprese di ____________, Capitale in Euro________________ numero di iscrizione ________, codice fiscale___________, R.E.A ______________, partita I.V.A.________________, muniti dei necessari poteri in forza dei vigenti patti sociali;

- Mevio, che interviene nel presente atto in qualità di Amministratore Unico e legale rappresentante della società: CUSTOMER S.n.c., con sede in________, Via _____________; capitale Euro______________, interamente versato, iscritta nel locale Registro delle Imprese, numero di iscrizione_____________, codice fiscale _____________, R.E.A.__________, munito dei poteri necessari in forza del vigente statuto;

- Filano, che interviene nel presente atto in qualità di Amministratore Unico e legale rappresentante della società BETA S.p.a. con sede in __________________, Via _____________, capitale Euro ________________, interamente versato, iscritta nel locale Registro delle Imprese, numero di iscrizione________________, codice fiscale _______________, R.E.A. _____________, munito dei poteri necessari in forza del vigente statuto.

I comparenti della cui identità personale, qualifica e poteri io notaio sono certo,

PREMETTONO

1. che la società “ELETTRICA S.R.L.”, in persona del legale rappresentante Dott/Sig: Tizio, esercita l’attività di costruzione, installazione e manutenzione di impianti in genere, ed in *particolare di impianti di produzione e di distribuzione di energia*;
2. che la società "ALFA SRL”, in persona dei legali rappresentanti Caio e Sempronio, svolge l’attività di costruzione, installazione e manutenzione di impianti in genere e fra l’altro, *l’attività di produzione di componenti e strumenti per la produzione di energia da fonti rinnovabili, di pannelli fotovoltaici e solari, e la commercializzazione dei materiali stessi*";
3. che la società "CUSTOMER S.R.L.", nella persona del Suo rappresentante legale, svolge l’attività di costruzione, installazione e manutenzione di impianti in genere ed è *specializzata nell’attività di promozione commerciale,*

l'attività di marketing e di pubblicità;

4. che la società "BETA S.R.L.", nella persona del Suo rappresentante legale svolge l'attività di costruzione, installazione e manutenzione di impianti in genere e si occupa, fra l'altro, di *ricerca scientifica e di formazione nell'ambito del programma di sviluppo finanziato con fondi europei*;
5. che, pertanto, le imprese partecipanti, in qualunque forma organizzate, condividono l'esercizio delle rispettive attività nel settore delle energie rinnovabili;
6. che, al fine di incentivare lo sviluppo economico e tecnologico, accrescere la competitività delle imprese sul mercato nell'esercizio delle attività di cui al punto e), ed in particolare la capacità di affermazione e diffusione dei sistemi di produzione di energia alternativa da fonti rinnovabili, i comparenti ritengono che sia necessario caratterizzare i propri prodotti e servizi per l'elevato livello innovativo e standard qualitativo e per il rigoroso rispetto di parametri predefiniti in specifici disciplinari di produzione, pubblicizzati e resi riconoscibili presso i consumatori finali;

oppure

esercitare in comune un'attività di ricerca, creando un nuovo laboratorio o condividendo un laboratorio comune, producendo brevetti la cui commercializzazione possa essere affidata ad una società strumentale ovvero ad una fondazione d'impresa;

oppure

esercitare in comune un'attività di erogazione di servizi strumentali alle rispettive imprese, condividendo la strumentazione tecnica o altre strutture operative, ovvero la gestione di crediti ricevuti da enti pubblici e privati per lo sviluppo di attività comuni;

oppure

coordinare un sistema di acquisti di licenze di brevetti o di "know how" in ambiti di interesse comune, con condivisione delle tecniche di ricerca e monitoraggio dei titolari dell'innovazione;

oppure

coordinare le modalità di accesso a nuovi mercati, promuovendo marchi collettivi o integrando la propria offerta secondo modalità che favoriscano la presentazione di nuove opportunità commerciali o la stabilizzazione delle relazioni già in essere;

oppure

collaborare nella produzione di beni o servizi innovativi, vincolando l'intera (o parte della) filiera produttiva e/o distributiva a rispettare determinati standard di produzione e/o distribuzione;

7. che gli stessi ritengono altresì che tale obiettivo possa essere realizzato mediante la reciproca collaborazione per lo studio, la progettazione, la costruzione e la commercializzazione di impianti dotati di certificazione di qualità;
8. che a tal fine, gli stessi sono venuti alla determinazione di stipulare un contratto di rete, ai sensi degli artt. 4 ter e seguenti del D.L. 10 febbraio 2009 n. 5, convertito nella L. 9 aprile 2009 n. 33, modificata ed integrata con la Legge 23 luglio 2009 n. 99 e con Legge 30 luglio 2010 numero 122, che ha convertito il D.L. 78/2010;

TUTTO CIÒ PREMESSO

convengono e stipulano quanto segue

Art. 1) OGGETTO DEL CONTRATTO

La società ELETTRICA SRL, nella persona del suo

rappresentante legale, della società ELETTRICA S.R.L., la società "ALFA S.R.L"., nelle persone dei suoi rappresentanti legale Caio e Sempronio", la società " CUSTOMER S.n.c.", nella persona del suo rappresentante legale, la società "BETA S.P.A.", nella persona del suo rappresentante legale, convengono di stipulare un contratto di rete, e pertanto si obbligano a svolgere l'attività di progettazione, produzione e commercializzazione di componenti ed impianti per la produzione di energia da fonti rinnovabili esclusivamente certificati, nonché a commercializzare detti prodotti con il marchio "RETE ENERGIA 2010", il tutto in conformità a specifici disciplinari e regolamenti predefiniti. Nei rapporti con i terzi la rete fra imprese così costituita potrà essere presentata e identificata con il nome e il logo "RETE ENERGIA 2010"

Art. 2) OBIETTIVI STRATEGICI

Le parti convengono e mi dichiarano di perseguire, tramite il presente contratto, l'obiettivo di accrescere la capacità di penetrazione delle imprese partecipanti sul mercato nazionale ed internazionale mediante la certificazione di qualità del prodotto e un'adeguata comunicazione delle suddette qualità. Le modalità di esercizio in comune delle attività descritte all'art. 1 dovranno pertanto essere orientate e funzionali al perseguimento dell'obiettivo convenuto.

Art. 3) PROGRAMMA DI RETE

Il programma di rete consiste:

- nella predisposizione di disciplinari e regolamenti relativi ad ogni fase della progettazione, produzione, degli impianti e dei prodotti, in conformità alle regole del ________________________ a cui ogni impresa partecipante dovrà attenersi;
- nella nomina di un unico Ente di Certificazione;
- nella partecipazione a fiere, mostre, mercati ed altre manifestazioni nelle quali si realizzino quelle iniziative di carattere promozionale tese a valorizzare la produzione, l'immagine, l'attività e la professionalità delle imprese partecipanti;
- nella definizione di linee comuni di marketing;
- nella nomina di un'Agenzia comune per l'organizzazione delle campagne pubblicitarie collettive ed individuali;
- nell'organizzazione di tavoli tecnici e di seminari di approfondimento sui temi della certificazione e del marketing;

- nella registrazione di un marchio comune, e nell'esercizio di ogni azione di tutela dello stesso.

Art. 4) OBBLIGHI E DIRITTI DELLE PARTI

Le imprese sono obbligate:

- a uniformarsi ai disciplinari ed ai regolamenti adottati dal comitato di gestione;
- a non servirsi di segni distintivi, marchi, denominazioni o contrassegni diversi da quello comune per la commercializzazione dei prodotti certificati;
- ad attenersi alle decisioni del comitato di gestione ai fini dell'utilizzo del marchio;
- a rispettare i termini e gli obblighi derivanti dall'attuazione dei progetti promozionali e di altre iniziative volte a favorire la commercializzazione dei prodotti;
- a non porre in essere forme di concorrenza;
- ogni partecipante al contratto ha diritto di avvalersi del marchio di rete e dei servizi offerti dalla rete.

Art. 5) FONDO COMUNE

Oltre a quanto convenuto nell'articolo che precede, le parti si obbligano a eseguire i seguenti conferimenti in denaro:

ELETTRICA SRL, Euro _______________;

Beni materiali:________, Beni immateriali:_____

ALFA SRL, Euro ____________________;

Beni materiali:________, Beni immateriali:_____

CUSTOMER S.n.c.,. Euro _______________;

Beni materiali:________, Beni immateriali:_____

BETA SPA, Euro____________________;

Beni materiali:________, Beni immateriali:_____

Detta somme dovranno essere corrisposte mediante bonifico bancario su apposito conto corrente intestato a "RETE ELETTRICA 2010" entro e non oltre _______________ giorni dalla richiesta di versamento inviata dal comitato di gestione della rete tramite qualunque mezzo che assicuri la prova dell'avvenuto ricevimento.

Ad integrazione del fondo comune, ogni contraente si obbliga a corrispondere annualmente una somma a titolo di contributo ordinario alle spese di gestione della rete contrattuale. Detta somma dovrà essere corrisposta entro e non oltre il _________ di ogni anno.

Ogni partecipante si obbliga altresì a corrispondere contributi integrativi per sopperire ad eventuali insufficienze dei contributi ordinari annuali. La misura dei contributi, ordinari ed integrativi, è proposta annualmente dal comitato di gestione in sede di relazione previsionale, e deve essere approvata dai partecipanti a maggioranza dei due terzi. Il partecipante non consenziente potrà recedere dal contratto con effetto immediato; il recesso deve essere esercitato entro otto giorni dalla data in cui ha ricevuto comunicazione della nuova misura del contributo.

Il socio, inoltre, è tenuto a rimborsare alla rete le spese da questa sostenute per particolari prestazioni da lui richieste, secondo le modalità previste da apposito regolamento interno predisposto dal Organo comune/ Comitato di Gestione/ Assemblea .

Ogni somma, a qualsiasi titolo dovuta da un singolo contraente in adempimento degli obblighi nascenti dal presente contratto, dovrà essere corrisposta con le modalità sopra indicate.

In caso di ritardo nell'adempimento del pagamento della somma, sarà dovuto un interesse di mora pari a __________ senza necessità di preventiva costituzione in mora da parte del comitato di gestione della rete.

Qualora il ritardo si protragga per oltre_________ giorni dalla richiesta di versamento, il comitato di gestione potrà dichiarare risolto il contratto limitatamente al partecipante inadempiente, ai sensi e per gli effetti dell'art. 1456 c.c. e dell'art. 13 del presente contratto.

Art. 6) ORGANO COMUNE

L'attuazione del programma di rete è affidata ad un ____________________costituito da un rappresentante di ogni impresa partecipante, fino ad un massimo di ______.

Qualora i partecipanti alla rete divengano più di ________, il ________________sarà composto da _____ a ______ componenti, nominati a maggioranza, calcolata per capi, dai partecipanti alla rete.

La durata del mandato è decisa all'atto della nomina. Possono essere nominati quali componenti del ________________ solo le imprese partecipanti.

Le società dovranno partecipare al ________________ in persona del legale rappresentante pro tempore.

Art. 7) ORGANIZZAZIONE DELL'ORGANO COMUNE

Il _________________ nomina al suo interno un presidente, cui sono attribuite le funzioni indicate nell'art. 2381 primo comma c.c., nonché un vice presidente, che potrà agire in caso di assenza, impossibilità o inadempimento degli obblighi contrattuali da parte del presidente, con le medesime funzioni.

Copia della decisione di nomina del presidente e del vice presidente, con le loro generalità e con l'indicazione del loro domicilio agli effetti della qualifica, deve essere inviata, con qualunque mezzo, a tutte le imprese partecipanti.

Il comitato di gestione si riunisce, almeno una volta al mese, nell'ambito del territorio nazionale. Il Presidente dovrà convocare tutti i componenti del comitato di gestione mediante comunicazione scritta inviata con raccomandata con ricevuta di ritorno o con qualsiasi altro mezzo che garantisca la prova dell'avvenuto ricevimento almeno giorni _______ prima dell'adunanza. L'avviso di convocazione dovrà contenere l'indicazione del giorno, dell'ora e del luogo dell'adunanza e l'elenco delle materie da trattare.

Al di fuori della riunione mensile le decisioni del ___________________ sono assunte mediante consultazione scritta o consenso espresso per iscritto; a tal fine il presidente deve inviare o sottoporre ad ogni componente un documento scritto da cui risulti con chiarezza l'argomento oggetto di decisione; il medesimo documento dovrà recare espressa dichiarazione di consenso, di dissenso o di astensione e dovrà essere sottoscritto dal componente del comitato di gestione, e poi trasmesso, anche a mezzo fax, al presidente, entro due giorni dal ricevimento. La mancata trasmissione nel termine previsto vale come astensione.

Il _________________ *decide a maggioranza* dei suoi componenti, calcolata per teste.

Le decisioni del_______________--, comprese la nomina del presidente e del vicepresidente, dovranno risultare da apposito verbale scritto dal presidente o dal vicepresidente e riportato in un libro vidimato.

Art. 8) COMPITI E POTERI DEL COMITATO DI GESTIONE

Al _______________è espressamente conferito il mandato ad agire per conto delle imprese partecipanti al contratto, oltre che nei casi indicati nell'art. 4 ter, lett. e), della Legge citata in premessa, anche per il compimento di qualsiasi atto sia necessario per l'attuazione del programma, nel rispetto degli obiettivi sopra convenuti, e per dare esecuzione al presente contratto.

Il ________________ha pertanto il compito di decidere gli atti e le modalità di attuazione del programma di rete, e a tal fine potrà, a titolo esemplificativo e non esaustivo:

a) predisporre i disciplinari ed i regolamenti di qualità;
b) verificare la conformità ad essi dell'attività e dei metodi di produzione praticati dalle imprese partecipanti;
c) accertare l'uso corretto del marchio da parte delle imprese partecipanti;
d) scegliere e designare l'Ente di Certificazione unitario;
e) scegliere e designare l'Agenzia comune per l'organizzazione delle campagne pubblicitarie collettive ed individuali;
f) stipulare contratti di pubblicità di qualsiasi natura;
g) sottoscrivere convenzioni e affittare spazi presso fiere e mercati.

Art. 9) RAPPRESENTANZA DELLE IMPRESE CONTRAENTI

A coloro che sono nominati presidente e vice presidente è conferito il potere di rappresentanza delle imprese partecipanti, sia individualmente sia collettivamente intese, nei limiti previsti dal presente contratto, per il compimento degli atti decisi dal comitato di gestione.

Il rappresentante dovrà legittimarsi al compimento dell'atto mediante esibizione dell'estratto autentico del libro delle decisioni del comitato di gestione recante sia la decisione della sua nomina alla carica sopra indicata sia la decisione in ordine al compimento dell'atto.

Qualora il rappresentante agisca in nome e per conto di tutte le imprese partecipanti al contratto dovrà premettere alla sua sottoscrizione la dicitura "per la "RETE ELETTRICA 2010", valendo tale formula come riferimento sintetico alle imprese partecipanti alla Rete, ferma la responsabilità limitata del solo fondo patrimoniale per le obbligazioni eventualmente contratte.

Art. 10) MATERIE RISERVATE ALLA DECISIONE DEI PARTECIPANTI

I partecipanti alla rete decidono, a maggioranza calcolata per capi:

- in ordine all'approvazione di un rendiconto annuale dell'attività compiuta, che dovrà essere redatto secondo le norme previste per il bilancio della s.p.a. e presentato dal ______________ per il mese di marzo di ogni anno, con riferimento all'attività svolta nell'anno solare precedente;

- in ordine all'approvazione di un bilancio previsionale, che dovrà essere presentato entro il 30 ottobre di ogni anno e riferito all'attività che il _________intende svolgere nell'anno solare successivo;
- in ordine alla nomina dei componenti del comitato di gestione. Il Presidente dovrà convocare tutti i partecipanti alla rete mediante comunicazione scritta inviata con raccomandata con ricevuta di ritorno o con qualsiasi altro mezzo che garantisca la prova dell'avvenuto ricevimento almeno giorni _______ prima dell'adunanza. L'avviso di convocazione dovrà contenere l'indicazione del giorno, dell'ora e del luogo dell'adunanza e l'elenco delle materie da trattare.

Art. 11) MODALITA' DI ADESIONE DI NUOVI PARTECIPANTI

Possono aderire al contratto le imprese che svolgono le attività di ______________________________ ____________________.

Chi intende aderire al presente contratto di rete deve presentare, ai sensi dell'art. 1332 del Codice Civile, __________apposita dichiarazione sottoscritta dal titolare o dal legale rappresentante, contenente:

a) la denominazione e la sede legale dell'Impresa;
b) l'oggetto sociale;
c) l'attività effettivamente svolta e la sede nella quale viene esercitata;
d) certificazione attestante che l'impresa non è stata dichiarata fallita o assoggettata ad altre procedure concorsuali, o che il titolare non è stato interdetto dall'esercizio di attività imprenditoriale o dalla facoltà di contrattare con la pubblica amministrazione;
e) la dichiarazione di conoscere ed accettare incondizionatamente le disposizioni del presente contratto.

Per le società deve essere inoltre presentato:

f) copia della delibera dell'organo competente di adesione al contratto di rete ed il nome del socio o persona designata ed autorizzata a rappresentarla a tutti gli effetti nella rete;
g) copia dello statuto e certificato di iscrizione al Registro delle Imprese competente.

Sulla domanda di ammissione delibera il comitato di gestione nella sua prima riunione utile.

In caso di accettazione della proposta di adesione il richiedente dovrà corrispondere un contributo al fondo nella misura stabilita annualmente in sede di approvazione del bilancio previsionale, oltre al contributo ordinario per l'anno successivo e all'eventuale contributo straordinario.

Art. 12) RECESSO

Salvo quanto previsto nell'art. 5 del presente contratto, ogni partecipante può recedere liberamente con dichiarazione che deve pervenire al presidente del comitato di gestione entro il termine del _______________ di ogni anno, con efficacia dal _________________ del medesimo anno.

Le dichiarazioni di recesso pervenute successivamente sono efficaci dal ______________ dell'anno successivo.

In caso di recesso non sono ripetibili i contributi ordinari e straordinari corrisposti né gli apporti al fondo comune a qualsiasi titolo eseguiti, per tutta la durata del contratto.

Art. 13) CAUSE DI RISOLUZIONE DEL CONTRATTO PER INADEMPIMENTO

In caso di inadempimento agli obblighi previsti negli articoli 4 e

5, il presente contratto si risolve rispetto alla parte inadempiente per decisione del comitato di gestione, il quale dovrà preventivamente diffidare la parte ad adempiere entro il termine di giorni quindici.

L'inadempimento di una delle parti non comporta in ogni caso risoluzione del contratto rispetto alle altre.

In caso di risoluzione del contratto per inadempimento non sono ripetibili i contributi ordinari e straordinari corrisposti né gli apporti al fondo comune a qualsiasi titolo eseguiti.

Resta salva la facoltà del comitato di gestione di richiedere al partecipante inadempiente il risarcimento dei danni patiti dalla rete a causa del suo inadempimento.

Art. 14) DURATA DEL CONTRATTO

Il contratto di rete cessa di produrre effetti il 31 dicembre 2030.

www.ingramcontent.com/pod-product-compliance
Ingram Content Group UK Ltd.
Pitfield, Milton Keynes, MK11 3LW, UK
UKHW022020190726
13853UKWH00005B/2018